GUÍA COMPLETA DEL ESCORPIO

Todo lo que Querías Saber Sobre el Signo del Zodiaco Menos Comprendido

KARL DE LA CRUX

© Copyright 2021 – Karl de la Crux - Todos los derechos reservados.

Este documento está orientado a proporcionar información exacta y confiable con respecto al tema tratado. La publicación se vende con la idea de que el editor no tiene la obligación de prestar servicios oficialmente autorizados o de otro modo calificados. Si es necesario un consejo legal o profesional, se debe consultar con un individuo practicado en la profesión.

- Tomado de una Declaración de Principios que fue aceptada y aprobada por unanimidad por un Comité del Colegio de Abogados de Estados Unidos y un Comité de Editores y Asociaciones.

De ninguna manera es legal reproducir, duplicar o transmitir cualquier parte de este documento en forma electrónica o impresa.

La grabación de esta publicación está estrictamente prohibida y no se permite el almacenamiento de este documento a menos que cuente con el permiso por escrito del editor. Todos los derechos reservados.

La información provista en este documento es considerada veraz y coherente, en el sentido de que cualquier responsabilidad, en términos de falta de atención o de otro tipo, por el uso o abuso de cualquier política, proceso o dirección contenida en el mismo, es responsabilidad absoluta y exclusiva del lector receptor. Bajo ninguna circunstancia se responsabilizará legalmente al editor por cualquier reparación, daño o pérdida monetaria como consecuencia de la información contenida en este documento, ya sea directa o indirectamente.

Los autores respectivos poseen todos los derechos de autor que no pertenecen al editor.

La información contenida en este documento se ofrece únicamente con fines informativos, y es universal como tal. La presentación de la información se realiza sin contrato y sin ningún tipo de garantía endosada.

El uso de marcas comerciales en este documento carece de consentimiento, y la publicación de la marca comercial no tiene ni el permiso ni el respaldo del propietario de la misma.

Todas las marcas comerciales dentro de este libro se usan solo para fines de aclaración y pertenecen a sus propietarios, quienes no están relacionados con este documento.

Índice

Introducción	vii
1. La lectura de una carta astral	1
2. Conociendo a Escorpio	15
3. Escorpio en los círculos sociales	49
4. Fortalezas y debilidades de un Escorpio	71
5. Escorpio de niño	85
6. Escorpio en el amor	103
7. Escorpio en Luna	143
8. Escorpio Ascendente	151
Conclusión	161
Bibliografía	165

Introducción

El concepto de que las estrellas influencian y definen nuestro futuro suena como algo sacado de un libro de ciencia ficción de cuarta encontrado en la parte olvidada de la librería pública, y si bien es cierto que el destino no está escrito en un cuerpo celeste, existen muchas maneras en las que podemos obtener sabiduría del cielo que nos rodea.

El cielo nos ha guiado de muchas maneras a lo largo de la humanidad. Los primeros humanos en merodear la tierra las usaban para orientarse y encontrar el camino de regreso a casa, un par de miles de años más tarde, las civilizaciones antiguas las usaron para predecir los días de lluvia y buena cosecha en los campos, en otras eras más cercanas, los sacerdotes y espiritistas lo usaron como guía para sus rezos, añoranzas, y rituales.

No es de sorprenderse que en los tiempos modernos lo utilicemos para solucionar problemas contemporáneos.

Introducción

La necesidad de conocerse a sí mismo es tan innata como el respirar mismo, y qué mejor manera de hacerlo que a través de la eterna sabiduría de las estrellas que nos ha acompañado por tanto tiempo. La astrología te ofrece una herramienta más para llevar a cabo ese proceso de introspección que seguramente buscas. Como escorpio, tienes una necesidad natural por el conocimiento y entender el por qué de las cosas, sobre todo si esa cosa eres tú.

En este libro, te ofrezco un recorrido por tu propia mente, cosmovisión, y personalidad. Te haré notar algunas de las características más impactantes y atrayentes de los Escorpios, como su magnetismo natural e lealtad inquebrantable. Al mismo tiempo, resaltaremos esas áreas en las que Escorpio no es tan encantador, cuando es poseído por su necesidad de controlar todo y a todos, envuelto por las llamas de los celos, y oculto entre su guarida para evitar ser lastimado de nuevo.

Este libro seguramente será una aventura, así que prepárate bien, los Escorpio son unos de los signos del zodiaco más enigmáticos e intrigantes, así que cualquier persona puede verse tentado a resolver el rompecabezas que sucede por su cabeza.

Seas o no un escorpio, te aseguro que encontrarás algo que te ayudará a tratar con estos rebeldes zodiacales de la mejor manera y, aún mejor, te diré la manera exacta en la

Introducción

que puedes evitar hacerlos enojar. ¡Te aseguro que me lo agradecerás!

1

La lectura de una carta astral

Las estrellas ofrecen conocimiento ilimitado, y si hay alguien capaz de canalizar ese conocimiento y ponerlo al alcance de los humanos comunes son los astrólogos. Nuestros horóscopos pueden iluminar el camino que caminamos día a día, y ciertos fenómenos celestes pueden influenciar varios aspectos personales de diferentes maneras - el retorno de Saturno por ejemplo – y pueden ayudarnos a realizar cambios útiles en nuestras vidas. Pero, demos un paso para atrás, antes de dominar por completo el arte de utilizar las estrellas como guía existen un par de preguntas fundamentales que debemos de hacernos: ¿Cómo interpretar la locación y los movimientos de los planetas? ¿Cuál es la definición de tu signo zodiacal y cómo impactan los planetas en él?

Estas preguntas son fundamentales para entender los conceptos básicos de la lectura de una carta astral. Esta se refiere a la posición en la que se encontraban los planetas al momento de tu nacimiento. Un análisis de esta carta, también llamada carta natal, puede mostrar un profundo conocimiento acerca de tu personalidad, motivación y deseos.

La astrología y las estrellas

Los humanos han estudiado los cielos desde el principio de los tiempos. Hace miles de años, nuestros ancestros descubrieron fenómenos asombrosos cómo el poder de los eclipses y los cometas de corto alcance, y utilizaron las herramientas astrales como base para todo tipo de actividades desde ceremonias sagradas hasta la cosecha de sus cultivos.

Las agrupaciones de estrellas distintivamente brillantes fueron consideradas "constelaciones", mientras que cuerpos celestes fijos fueron identificados como "planetas" y estos son algunos de los primeros registros de la luna, Mercurio, Venus, Marte, Júpiter y Saturno - conocidos como los planetas "clásicos"

Los antiguos babilonios crearon el Zodíaco dividiendo el cielo en doce secciones, cada una de estas es identificada con el nombre de la constelación más importante y grande que contenía. El calendario del zodiaco es utilizado tanto para medir el tiempo como para realizar predicciones. Los babilonios observaron que el movimiento de los planetas, llamado tránsito, concordaba con los eventos favorables y las desgracias que sucedían en la tierra.

La universidad de Swinburne señala que los romanos adoptaron el zodiaco al principio del primer siglo, expandiendo los roles de las estrellas y planetas a través de su mitología. Fue en esa mezcla de observación meticulosa y folklore épico que dio nacimiento a la astrología.

¿Qué simbolizan los planetas?

Aunque la astrología es un estudio diverso, complejo y altamente especializado, los principios básicos son sencillos: una carta astral es una captura instantánea del cielo en el momento de tu nacimiento. Esta carta revela la precisa ubicación de cada uno de los planetas y qué constelación ocupaban en el momento en que entraste al mundo, y toma en cuenta el día, el año, e incluso la hora del nacimiento.

En algunas cartas astrales todos los planetas están en la misma constelación; en otras, los planetas se encuentran extendidos ampliamente en el cielo y la persona suele recibir influencias de todas estas áreas. La distancia entre ellos es importante, ya que cada uno tiene su propia función. Cada planeta impacta de manera distinta dependiendo de su posición, lo cual vuelve a cada individuo único, es decir, incluso gemelos idénticos nacidos bajo el mismo signo sol pueden tener una variación en las cartas astrales si nacieron con unos minutos u horas de diferencia.

El sol

Cuando alguien te pregunta cuál es tu signo, lo sepan o no, te preguntan sobre la posición del sol en el momento de tu nacimiento. El signo solar es el más popular y que la mayoría de las personas conocen. Este cuerpo celeste simboliza nuestra esencia fundamental, representa nuestro ego, nuestra percepción personal, nuestra personalidad básica, y preferencias en general. El sol gobierna el signo zodiacal de Leo, el signo de fuego vivaz y dinámico que irradia valentía y teatralidad. Es el marco de referencia para el resto de los signos, ya que tarda casi un mes en transitar a través de los signos del zodiaco

La Luna

La atracción gravitacional de la luna regula el clima y las mareas oceánicas. En la astrología, la luna representa nuestro mundo de emociones internas. Mientras que el sol expone nuestras experiencias al mundo exterior, la luna simboliza todo lo que sucede debajo de la superficie, lo que atravesamos a puertas cerradas. Las vivencias, sueños, y pesares de nuestro ser más profundo y privado. Esta representa el signo zodiacal de Cáncer, el sensible y protector signo de agua, que es apto para la crianza, la comodidad y la seguridad. La luna es el cuerpo celeste más veloz, le toma aproximadamente dos días y medio transitar un signo del zodiaco.

Mercurio

El más pequeño e íntimo planeta del sistema solar, Mercurio obtiene su nombre del dios romano encargado con la tarea de ser el mensajero de los dioses. En la astrología, simboliza la comunicación. Mientras que la luna refleja nuestras emociones, este planeta refleja lógica y racionalidad. Mercurio utiliza su astuto intelecto e implacable curiosidad para analizar, ordenar, y clasificar los pensamientos turbulentos, ayudándonos a sintetizar y articular ideas complejas.

Gobierna tanto el signo del aire: Géminis, como al de la tierra: Virgo, cada uno de estos signos representa un lado diferente de la expresión de Mercurio; el conversador Géminis representa la salida, mientras que el analítico Virgo representa la entrada. A Mercurio le toma entre 13 y 14 días transitar el signo zodiacal, y va en retorno 3 o 4 veces al año. Este infame retroceso trae consigo problemas de comunicación, necesidad de contacto con personas de tu pasado, y contratiempos en tus proyectos de viaje.

Venus

Nombrado en honor a la encantadora diosa romana, Venus, este planeta brillante representa belleza, amor y abundancia. La indulgente Venus es más feliz rodeada de lujos: vinos finos, baños extensos, y humectantes aromáticos se alinean con el espíritu venusino. Los gustos intelectuales de este planeta se reflejan en el interés por el arte y la cultura, mientras que su sensibilidad romántica revela una percepción idealizada del amor. Venus domina el símbolo de la tierra: Tauro, y el símbolo del aire: Libra, cada uno representando un lado diferente de la expresión de Venus. Por un lado, el sensual Tauro es material, mientras que el coqueto Libra es intelectual. Le toma entre 4 y 5 semanas transitar el signo del zodiaco y tiene un retorno cada 18 meses.

Durante su retroceso, trata de evitar grandes cambios de apariencia como hacerse un tatuaje o cirugía plástica.

Marte

. . .

El planeta rojo es conocido como El Guerrero del Zodiaco. Marte toma su nombre del dios Romano de la guerra, simbolizando así acción, determinación y agresión. Su espíritu apasionado a menudo se presenta cuando estamos en una carrera contra el tiempo para llegar a una fecha límite, o cuando corremos para alcanzar un vuelo, e incluso en una competencia por un nuevo trabajo. Marte es el fuego que nos alimenta, dando ese impulso de energía cargado de adrenalina que alimenta nuestros movimientos. También refleja nuestra pasión física y lujuria. Este planeta gobierna a Aries, el impulsivo signo de fuego conocido por su enorme vivacidad.

Marte toma entre 6 y 7 semanas para transitar el signo del zodiaco, y va retrógrado cada 2 años, cuando esto sucede, podemos tener problemas para defendernos a nosotros mismos o experimentar una falta de motivación en el dormitorio.

Júpiter

El planeta más grande del sistema solar, Júpiter - O Zeus, en la mitología griega- es conocido por su presencia colosal. El suertudo planeta Júpiter simboliza fortuna, filosofía, abundancia y espiritualidad; este generoso planeta gobierna la expansión, alentándonos a ampliar nuestro alcance y expandir nuestros horizontes a través de la filosofía, la espiritualidad y la educación. Gobierna a Sagitario, el aventurero signo del fuego conocido por buscar emociones y sensaciones fuertes. Júpiter se toma entre 12 y 13 meses en completar su tránsito de signo zodiacal y es retrógrado cada año por alrededor de 120 días, este evento es a menudo tiempo de crecimiento filosófico.

Saturno

Este gigante con anillos de gas es asociado con el tiempo, las regulaciones, y las restricciones. Durante un buen día, Saturno simboliza el trabajo duro, los logros personales, y la resiliencia. Sin embargo, en un mal día, puede ser duro y falto de emociones, obligándonos a aprender a través de desafíos y obstáculos que pueden ser complicados de superar

Aunque este planeta tiene una manera muy particular de demostrar su afecto, Saturno siempre tiene en mente la mejor de las intenciones. Simplemente quiere que sigamos las reglas. Saturno gobierna al estricto Capricornio, el emprendedor signo de tierra conocido por su ambición implacable; a este le toma aproximadamente 2 años y medio en transitar cada signo zodiacal. Es retrógrado cada año por alrededor de 140 días, durante este tiempo la vida puede sentirse más restringida, y debemos trabajar más de lo regular para lanzar nuestros proyectos.

Urano

Urano es inusual, fue el primer planeta descubierto por un telescopio, es el único cuerpo celeste nombrado en honor a un dios griego, además, está tan inclinado sobre su eje que esencialmente orbita el sol de lado. Acertadamente, Urano simboliza tecnología, rebelión e innovación. Este revolucionario planeta odia las reglas y está siempre dispuesto a facilitar un cambio total y dinámico.

Urano puede tener efectos sorprendentes después de todo este planeta ama el valor del impacto. Gobierna a Acuario, el signo de pensamientos libres del aire reconocido por su excentricidad e inconformidad.

Urano tarda aproximadamente 7 años en transitar los signos zodiacales y es retrógrado cada año por alrededor de 150 días; durante este tiempo, se nos pide dejar el pasado atrás y continuar progresivamente con la vida.

Neptuno

. . .

El color azul brillante de Neptuno complementa perfectamente su significado astrológico. Nombrado por el Dios Romano del océano, este planeta representa la magia y el misterio del vasto desconocido espiritual. Cuando una espesa niebla esparce por todo el océano, es difícil distinguir la separación entre el agua y el cielo, de manera similar, el poder de Neptuno existe en la intersección de la fantasía con la realidad. En un buen día, la energía de Neptuno es extremadamente creativa y psíquicamente poderosa. Sin embargo, en un mal día se puede convertir en delirante y escapista. Cuando sientas la influencia de Neptuno, explora en lo vasto de tu propia mente, pero recuerda tirar un ancla, ya que no querrás perderte en el océano. Este planeta gobierna a Piscis, el signo del agua reconocido por su increíble imaginación y poderes psíquicos. Este planeta tarda aproximadamente 14 años en transitar cada signo y es retrógrado cada año por alrededor de 150 días; en este tiempo se revelan secretos, así que no trates de salirte con la tuya usando un comportamiento engañoso.

Plutón

Aunque este glacial cuerpo celeste no cumple las medidas astronómicas para ser considerado un planeta, para los estándares astrológicos, Plutón es de gran importancia.

Simboliza el poder, la transformación, la destrucción y la regeneración. Toma su nombre del dios Romano del inframundo (Hades en la mitología griega) Plutón, quien tiene a la oscuridad como la raíz de su poder. Este cautivador planeta se desliza a la perfección en infraestructuras complejas, transformando silenciosamente los sistemas desde el interior. Plutón nos recuerda que para poder manifestar un cambio debemos dejar ir el pasado.

Es asociado con Escorpio el elusivo signo del agua definido por su misteriosa disposición.

A Plutón le toma aproximadamente de 14 a 30 años transitar los signos del Zodiaco, va retrógrado cada año por alrededor de 185 días; cuando esto sucede, se nos pide que dejemos ir lo que ya no nos sirve para que podamos transformarnos en una mejor versión de nosotros mismos.

Interpretando cartas astrales

Aprender acerca de la relación de los planetas con el Zodiaco es un paso fundamental para comenzar su viaje hacia las estrellas. Los planetas con órbitas cortas se mueven frecuentemente a través del zodiaco, y el lugar donde se ubican en una carta astral es específica y relativa a la fecha y hora de nacimiento de cada individuo. Esos son llamados planetas interiores e incluyen al sol, la luna, Mercurio, Venus y Marte.

. . .

Estos planetas tienen un impacto directo en nuestras personalidades y en las experiencias del día a día.

Los planetas que se encuentran al otro lado del cinturón de asteroides son conocidos cómo planetas exteriores.

Estos cuerpos celestes - Júpiter, Saturno, Urano, Neptuno y Plutón - se mueven mucho más lento cambiando de signo entre uno a treinta años. Los planetas exteriores definen temas de vida más amplios, así como experiencias compartidas por generaciones.

La importancia de los planetas exteriores en una carta natal está determinada por las casas (sectores zodiacales) que ocupan. Una carta astral está dividida en doce secciones a las cuales nos referimos a ellas como casas.

Cada casa representa un área en la vida: Las casas de 1 a la 6 se refieren actividades mundanas y de la vida cotidiana, como finanzas personales, el hogar, la rutina, etc.; las casas de la 7 a la 12, están relacionadas con conceptos más abstractos, incluyendo la filosofía, la legalidad y las habilidades psíquicas. La ubicación de los planetas en las casas revela dónde guardamos nuestra energía al igual que nuestras fuerzas y debilidades.

Por ejemplo, si tu luna natal está en el área sensible de Cáncer dentro de la séptima casa, la cual representa el compromiso de los vínculos, tu felicidad emocional podría estar muy conectada con tus relaciones. Si tu Marte natal está en Virgo pragmático en la onceava casa, la casa relacionada con el humanitarismo es posible que estés motivado para ayudar a los demás de formas muy prácticas.

La ubicación única de los planetas en las casas es determinada por tu signo ascendente, también llamado simplemente "el ascendente".

Este es el signo del zodíaco que estaba en el horizonte oriental en el momento exacto de su nacimiento. Tu signo ascendente crea la arquitectura completa de tu carta astral y define la regla de tu carta planetaria. Para poder calcular el planeta asociado a tu carta, identifica su signo ascendente y luego qué planeta gobierna este signo del zodíaco. El signo ascendente también define nuestra experiencia externa: Si tu signo solar escribe el discurso, tu signo ascendente es el cómo ese discurso es pronunciado. Los astrólogos lo describen como la "máscara que se usa en público". Revela cómo te perciben los demás y cómo interactúas con el mundo.

. . .

Ya sea que tengas la meta de convertirte en un astrólogo profesional o que simplemente estés buscando el sentido a tu carta astral, el entendimiento de los planetas, los signos y las casas pueden exponer la complejidad y profundidad del conocimiento astrológico. Dedica mucho tiempo a tu carta astral: tu capacidad para interpretar las ubicaciones en ella se fortalecerá a medida que apliques la carta a tu vida diaria. No tengas miedo de crear narrativas y hacer observaciones audaces. Después de todo, así es como el sistema solar fue descubierto.

2

Conociendo a Escorpio

Independientemente del apoyo que puede darte tener la información sobre tu carta astral, si has llegado a este libro significa que estás buscando respuestas para un signo específico: El enigmático Escorpio. ¿Qué significa ser un escorpio?

Como mencionamos anteriormente, la posición en la que se encuentra el sol el día de tu nacimiento define cuál es tu signo principal, mejor conocido como tu signo solar.

Aunque estas posiciones pueden variar año con año, a lo largo de los años hemos desarrollado un sistema de fechas que nos permite identificar más fácilmente nuestro signo zodiacal.

. . .

En el caso de escorpio, este periodo de tiempo cae entre el 23 de octubre y el 22 de noviembre de cada año.

El signo solar es el más influyente en nuestras vidas, desde nuestra cosmovisión hasta la forma en la que interactuamos con otras personas, es decir, aunque las otras posiciones de los planetas durante nuestro nacimiento también tienen influencia en nuestra vida, la mayoría de tus comportamientos, acciones, y facetas de tu personalidad serán definidas por el hecho de que eres signo escorpio.

Ahora, es importante que no olvidemos que somos individuos, hemos vivido situaciones distintas, aprendido por nuestra cuenta, y desarrollado diferentes habilidades a lo largo de nuestra vida sin importar cuán corta o larga haya sido hasta el momento.

Seguramente, si alguna vez has estudiado sobre astrología o buscado información referente a este signo, te has topado con algunas descripciones que te han hecho decir "¡Ey! Eso no es verdad en lo absoluto. ¡Yo no soy así!" Bueno, esto es porque la carta astral no es un manual absoluto de cómo funciona tu vida.

. . .

Primero que nada, como se mencionó en el capítulo anterior, cada uno de los planetas que se encuentran en tu carta astral pueden tener signos distintos, lo que también le otorga una cierta individualidad a aquellos que comparten signo. Por ejemplo, un Escorpio que tenga un signo Aries como signo ascendente no se comportará, pensará, ni será completamente igual a un Escorpio cuyo signo ascendente sea Tauro. Seguro pensarás, "¿qué ocurre si dos escorpios también comparten signos ascendentes?" De nuevo, recuerda que la carta astral contiene varios planetas y elementos, y cada uno influye en tu signo principal de diferente manera, así que, aunque dos escorpios compartan signos en diferentes planetas, sean uno o más de dos, las probabilidades de que sean completamente iguales son pocas.

Segundo, los signos zodiacales no son una sentencia de vida. Aunque la energía universal influye mucho sobre nosotros al momento de nacer, es necesario recordar que los aspectos de nuestras vidas son definidos por mucho más que solo la posición de las estrellas. Nuestra historia, valores, experiencias, influencias, y condiciones de aprendizaje también juegan un rol muy importante en definir quiénes somos, es por eso que, incluso un par de gemelos quienes deberían tener una carta astral idéntica, pueden comportarse de manera muy diferente el uno del otro.

. . .

Además, los planetas se encuentran en constante movimiento a diferentes velocidades, lo cual significa que una variación de una o dos horas, o incluso de minutos, pueden colocar la posición de alguno de ellos en una casa completamente distinta, y por ende cambiando la influencia de ese planeta en la persona.

Piénsalo de esta manera, tu signo solar es un plano conceptual de un edificio o camino, te indica los aspectos generales o las bases que debes de seguir para tener cierto éxito. Es más como un manual de consejos. Las acciones concretas que realizas o debes de realizar vendrán de un análisis completo de la situación y los recursos que tienes a la mano. Así que no te sientas fuera de lugar si no te comportas como un escorpio estereotípico, toma lo que pueda darte buenos resultados y, sobre todo, aléjate de los aspectos negativos que naturalmente existen en tu signo solar.

Al final del día, sin importar cuanta guía podamos encontrar en las estrellas, somos los dueños de nuestros propios destinos, y en quiénes nos convertimos queda totalmente en nuestras manos. ¡Estás al mando! Nunca olvides eso, de esta manera puedes conocer las tendencias naturales de un escorpio para entenderte mejor y tener una mejor relación con tu persona.

. . .

Si, por otro lado, no eres parte de este signo y únicamente quieres aprender y entenderlo un poco más, quizá porque alguien amado pertenece a él, también puedes beneficiarte mucho del contenido de este libro.

Comprender las tendencias naturales de un signo, especialmente si la persona parece ser ignorante a ellas, puede ayudarte a desarrollar una mejor empatía y entender mejor la forma en la que esta ve la vida y se comporta, sin duda ayudará mucho a la mejora de su relación y armonía general entre los dos.

Las divisiones de los signos de solares

Como seguramente ya te habrás dado cuenta, hay muchos aspectos que se deben de considerar al momento de interpretar a un signo zodiacal.

Las dualidades, triplicidades, cuadruplicidades, y polaridades también son dimensiones del signo solar que debemos tomar en cuenta.

Pero ¿qué son estos conceptos? Analicemos un poco más sobre estos términos.

Dualidades

. . .

Las dualidades hacen referencia al "género" de tu signo zodiacal, es decir, cada signo del zodiaco puede ser de carácter "masculino" o "femenino". Al existir doce de ellos, significa que cada una de estas categorías contiene seis diferentes signos. A cada una de estas divisiones se le conoce como "dualidad" y de ahí surge el nombre del concepto.

Es importante que tomes en cuenta que estos términos no hacen referencia a las construcciones comunes de lo que conocemos como femenino o masculino; esto quiere decir que no influye necesariamente en si tu comportamiento es más similar al de un hombre que al de una mujer. Por ejemplo, Aries es uno de los signos de dualidad masculina, pero esto no significa que si una mujer es Aries su comportamiento tenderá a lo que tradicionalmente conocemos como masculino, sea jugar fútbol o disfrutar de historietas cómicas.

También cabe recalcar que ninguna división es mejor que otra.

A pesar de las dificultades de igualdad que atravesamos hoy en día en nuestra sociedad, la dualidad de tu signo no juega un rol en qué tan buena o mala persona eres, o qué tan inteligente o poco inteligente eres, estas divisiones que a veces percibimos en la vida diaria son un constructo social, y no influyen en las características de las dualidades.

Sin embargo, sí existen diferencias entre una y otra. Las dualidades femeninas también suelen ser conocidas como "receptivas", y con buena razón, los signos que se encuentran dentro de esta división tienden a ser receptivos, atrayentes, y magnéticos. Mientras que los signos masculinos tienden a ser más directos y energéticos.

Piénsalo de esta manera, los signos femeninos son grandes océanos que, aunque son capaces de gran destrucción y poder, tienden a mantenerse calmados y fieles a sus propios valores y principios. Tienden a ver mucho más hacia adentro de sí mismos y expresarse un poco menos al exterior, y es de aquí donde también obtienen la mayoría de su energía.

Los signos masculinos suelen tener pequeñas explosiones de energía diariamente.

Suelen expresar sus sentimientos e ideas hacia el exterior, como volcanes que tienen que dejar salir todo lo que se encuentra dentro antes de calmarse, también suele ser por cortos periodos de tiempo, pero de mucha intensidad.

Los signos que se encuentran en la dualidad femenina son: Piscis, Tauro, Capricornio, Cáncer, Virgo, y, por último, pero no menos importante, Escorpio.

Los signos que se encuentran dentro de la dualidad masculina son: Géminis, Leo, Sagitario, Libra, Aries, y Acuario.

Triplicidades

La dualidad es sólo la primera categoría o subdivisión de los signos, estos pueden ser clasificados aún más si tomamos en cuenta las triplicidades, y estas dividen a los signos en grupos de cuatro.

Ya que actualmente existen doce signos zodiacales, cada categoría alberga a tres signos, y de ahí surge su nombre.

Las triplicidades también son conocidas como "los elementos del zodiaco" y esto es gracias a que estas se dividen en los cuatro elementos naturales: agua, tierra, fuego, y aire. Cada uno de estos elementos tiene diferentes características que influyen en el comportamiento de los signos; este, por supuesto, moldeado de la mano de la carta astral.

Los signos de fuego: Aries, Leo, Sagitario

Al igual que el fuego en sí, los signos correspondientes a este elemento tienden a ser apasionados, dinámicos y temperamentales.

El fuego puede mantenerte caliente, o puede hacer una gran destrucción si no tienes cuidado con él. Igualmente, la velocidad e intensidad de sus emociones puede ser comparada con su elemento, y una sola chispa puede desencadenar un incendio forestal en su vida y la de aquellos que los rodean.

Como resultado, estas llamaradas deben ser controladas por sí mismos para evitar daños en su vida personal, amorosa, e incluso profesional.

Los signos de aire: Géminis, Libra, Acuario

. . .

Los signos de aire son caracterizados por la acción, las ideas y el movimiento, son los "factores de cambio" y los mantienen en constante evolución a lo largo de sus vidas. Por ende, en ocasiones pueden parecer "cabezas huecas" o en "poco contacto" con la realidad ante otros signos, sin embargo, estas mismas cualidades aparentemente negativas es lo que los mantiene capaces de adaptarse a diferentes situaciones.

Cuando una fuerte ráfaga te golpea, no puedes evitar moverte. Los signos de aire les brindan a otros un respiro de aire fresco cuando las cosas comienzan a ponerse aburridas o monótonas. Su tendencia al cambio y la libertad suele traerles problemas con el compromiso, sea romántico o en alguna otra rama, pero pueden compensarlo con una vida llena de aventuras.

Los signos de tierra: Tauro, Virgo, Capricornio

Los signos de tierra hacen honor a su nombre al mantenerse centrados y "con los pies en la tierra".

Suelen aplicar estas cualidades a su vida y fomentarlas en aquellos que los rodean, de esta forma nos recuerdan que debemos comenzar con una base sólida sin importar el poco o mucho riesgo que involucre lo que queremos llevar a cabo. Estos signos son lentos y constantes, y sus principales características son su lealtad y estabilidad, y se adhieren a aquellos quienes quieren durante tiempos difíciles. En los días buenos, son prácticos; en el peor de los casos, pueden ser materialistas o demasiado centrados en los aspectos superficiales de las cosas, e incluso de las personas, como para tomarse el tiempo de indagar un poco más y encontrar profundidad en ellas.

Los signos de agua: Cáncer, Escorpio Piscis

Si estás interesado en los Escorpio, deberás de prestar principal atención a los signos de agua y sus comportamientos, gracias a que los nacidos entre octubre y noviembre se encuentran dentro de esta categoría. Los signos de agua se caracterizan por ser intuitivos, emocionales y ultrasensibles, y decimos esto de la manera más positiva posible. Son receptivos a sus propias emociones y también a las de otras personas. Al igual que el agua, pueden ser refrescantes o pueden ahogarte en sus profundidades.

Estos signos a menudo tienen sueños intensos y una intuición psíquica fuerte. Sin embargo, gracias a que les gusta vivir la vida en grande, la seguridad es un aspecto importante para ellos, si sienten que un riesgo es demasiado grande pueden abrumarse y perder el control emocional.

Cuadruplicidades

Los doce signos del zodiaco también pueden dividirse en tres diferentes categorías, en las cuales cada una contiene a cuatro de ellos, de ahí el nombre "cuadruplicidades", aunque también son popularmente conocidas como "modalidades", y se dividen en cardinales, mutables, y fijos.

Estas categorías no son excluyentes de las mencionadas anteriormente, sino que tienden a ser complementarias, y esto tiende a explicar comportamientos contradictorios en algunos de los signos.

Por ejemplo, los signos de fuego podrán demostrar su pasión y energía de manera distinta dependiendo de la modalidad en la que se encuentre su signo.

Signos cardinales del zodíaco: Aries, Cáncer, Libra y Capricornio

Cuando algo se describe como cardinal, significa que es fundamental e importante, y ese es ciertamente el caso cuando se trata de los cuatro signos cardinales del zodíaco. Los signos cardinales son los 'iniciadores' del zodíaco. Representan una chispa o idea que puede dar lugar a un desarrollo completo. También simbolizan el comienzo de la temporada zodiacal. Los signos cardinales son los grandes pensadores del zodíaco. Siempre puedes contar con ellos para obtener energía fresca e innovadora que te ayude a fluir, lanzar nuevos proyectos, empezar algo desde cero, y construir una base sólida para cualquier otro logro que te gustaría obtener en un futuro. Los signos cardinales son visionarios, ya que son capaces de crear cosas nuevas aparentemente de la nada y continuar hacia adelante durante las dificultades que se presentan al tomar nuevos comienzos.

De la misma forma, estos signos pueden llegar a tener problemas para continuar con lo que habían comenzado, y aún muchos más para terminarlos. También recuerda que su elemento y dualidad harán que los distintos signos cardinales expresen de diferentes maneras estas cualidades.

Dicho todo esto, tiene sentido que el primer día de la temporada astrológica de cada signo cardinal coincida con el primer día de cada temporada meteorológica: la temporada de Aries se alinea con el equinoccio de primavera y la temporada de Libra se alinea con el equinoccio de otoño, mientras que las estaciones de Cáncer y Capricornio comienzan en el solsticio de verano y el solsticio de invierno, respectivamente. La energía del signo cardinal de nuevo comienzo nos ayuda a comenzar cada temporada con entusiasmo.

Signos fijos del zodiaco: Tauro, Leo, Escorpio y Acuario

Los signos fijos del zodíaco siempre tienen sus ojos puestos en el premio en todo momento, y sus esfuerzos están centrados en obtenerlo a toda costa. Estos signos son capaces de capitalizar las ideas de los signos cardinales y hacerlas realidad siguiendo un plan estructurado y medible. Los signos fijos son los "arquitectos" del zodíaco, llevan a cabo las ideas manifestadas por los signos cardinales y hacen todo el trabajo necesario para completar la tarea en cuestión. Cada uno de los signos fijos se enfoca y concentra ferozmente cuando establecen un objetivo, son excelentes para apegarse a un plan y tienen una habilidad especial para identificar exactamente lo que se debe hacer y realmente llevarlo a cabo.

Esto puede volverlos bastante tercos a veces y también pueden ser percibidos como inflexibles o fastidiosos, sin embargo, los resultados que proveen con sus esfuerzos y estructura eclipsan cualquier cualidad negativa que puedan presentar en el proceso.

. . .

Debido a que la temporada astrológica para cada uno de estos signos cae justo en medio de la primavera, el verano, el otoño y el invierno, la energía de los signos fijos se centra en el impulso y la dedicación. Las fortalezas de los signos fijos salen a resurgir cuando están en medio de algo y completamente absorbidos por la tarea, y se puede confiar en ellos para superar las partes más difíciles de cualquier situación con una dedicación firme.

Signos mutables del zodiaco: Géminis, Virgo, Sagitario y Piscis

Los signos cardinales hacen que las cosas se pongan en marcha mientras que los signos fijos siguen y formulan los planes; luego, finalmente, los signos mutables del zodíaco intervienen para poder concretar las tareas y metas y ayudarnos a abrazar los cambios inevitables de la vida.

Los signos mutables representan el final de cada temporada y, por ende, la conclusión de un proyecto o tarea en cuestión.

Son flexibles debido a su comprensión del cambio. Las cosas no siempre salen según lo planeado, pero los signos mutables pueden manejar los factores inesperados. Su capacidad de cambio y adaptabilidad brilla cuando se enfrentan a desafíos u obstáculos, ya que pueden cambiar de rumbo con facilidad y seguir la corriente. Esto a veces puede hacerlos un poco caprichosos o difíciles de predecir, pero los signos mutables tienen el poder de adaptarse y sobrellevar casi cualquier situación.

La temporada astrológica para cada signo zodiacal mutable tiene lugar durante el último mes de cada primavera, verano, otoño e invierno, respectivamente, lo que significa que a medida que el sol abandona cada uno de estos signos cada año, también termina una estación entera. Esa energía se refleja plenamente en la capacidad adaptable de los signos mutables para aceptar las cosas como son y cambiar de forma para de acuerdo a las circunstancias. Ya sea un proyecto, una conversación, o una vida entera, estos signos saben cómo llevar las cosas a una conclusión natural y usar todos los recursos a su disposición para ello.

En resumen, los signos fijos no son necesariamente dispuestos al cambio, sin embargo, su determinación es de gran ayuda cuando se trata de terminar las cosas que han sido comenzadas, y esa es ciertamente una de las partes más importantes de alcanzar una meta. Los signos mutables son los más versátiles del grupo. Tienden a ser flexibles y adaptables, y están dispuestos a modificarse a sí mismos sin importar las circunstancias si eso necesitan para seguir adelante.

Polaridades

Todos sabemos que el universo tiene miles de principios, pero sin duda el más importante es el balance. Para todo existe un contrario, en los elementos, las energías, y, por supuesto, el zodiaco. Existen seis diferentes parejas de signos que son fundamentalmente opuestos, y comprender las virtudes y debilidades de cada una puede ayudarte a desarrollar una mejor comprensión, empatía, y relación con los signos.

De la misma manera, como el escorpio que seguramente eres, seguramente tienes gran interés en averiguar quién es tu opuesto natural, y cuáles son las ventajas que puedes obtener al colaborar con él.

Las seis polaridades son:

- Acuario y Leo: Los acuarios son signos con fuertes ideales y esperanzas para el futuro, mientras que los Leo tienen gran interés en expresar su creatividad única y generar diversión a su alrededor que los mantenga siempre de buen humor.
- Cáncer y Capricornio: Los Cáncer son ávidos

defensores de que la estabilidad empieza en casa, por lo que tienen como prioridad la vida hogareña y la armonía en el hogar. Por otro lado, los Capricornio valoran mucho la imagen externa y cómo los percibe la gente a su alrededor, incluso si a veces la realidad difiere un poco de la imagen pública.
- Aries y Libra: Los Aries tienden a estar centrados en sí mismos, le ponen gran importancia a sus metas y sueños incluso si tienen que recorrer el camino solos. Los Libra valoran la necesidad de relaciones interpersonales como un recurso para la vida, por lo que la mayoría de su energía se concentra en formar y mantener sus amistades y parejas.
- Géminis y Sagitario: Los Géminis buscan la expresión de su ser, aunque a veces no entiendan sus propios sentimientos o pensamientos, buscan comunicarlos de manera externa. Así mismo, los Sagitario valoran su pensamiento interno y marco filosófico, y muchas veces no existe la oportunidad de insertar ideas externas; mientras se encuentren satisfechos consigo mismos, no tendrán la necesidad de expresar cada cosa que pasa por su mente.
- Virgo y Piscis: Los Virgo son apasionados de la vida laboral y la auto superación, siempre buscando otra meta para superar, y necesitan

tener resultados tangibles para sentir que están avanzando. Por otro lado, los Piscis tienden a engañarse a sí mismos o perderse en sus propias fantasías, sin embargo, es importante para ellos mantenerse soñando constantemente.

- Tauro y Escorpio: Los Tauro son signos que valoran altamente sus propias posesiones, sobre todo cuando han trabajado duro para obtenerlas. Mientras tanto, los Escorpio son propensos a compartir, tanto que pueden generar un legado entero gracias a su generosidad.

La pareja de Escorpio y Tauro

Al igual que todos los opuestos, Tauro y Escorpio sienten que el otro tiene las cualidades que les hacen falta, y que harían que ambos pudieran sentirse satisfechos y completos. Sin embargo, ambos signos son signos fijos, y eso significa que hay una gran característica que está presente en todo momento en esta relación (sin importar si es romántica o no): La terquedad. Los Escorpio son sexy, reservados y psíquicos, pero lo ocultan muy bien cuando quieren. Pueden ser presas si actúan según sus instintos inferiores, o cazadores si se los desarrollan hasta su nivel más alto. Son calderos ardiendo de emoción, y eso puede dar miedo. Los Escorpio son muy sentimentales, algo que sorprende a las personas una vez que se dan cuenta. Realmente saben cómo esconderse detrás de cualquier fachada que estén usando, y puede que tengas que conocerlos durante un largo tiempo antes de que puedas atestiguar este sentimentalismo. Los Escorpio son sorprendentemente amables con aquellos que aman, pero pueden pasar de dulces y suaves a fríos e intimidantes muy rápidamente.

Una persona tauro tiene problemas para entender esto, porque son muy directos con lo que sienten y piensan, lo que ves es lo que son realmente. Tauro está gobernado por la Tierra, y son sensatos, confiables, pacientes y determinados. No tienen el potencial regenerativo del Escorpio, pero poseen una calma interior genuina que un Escorpio anhela tener.

Y Tauro también puede igualar a Escorpio en el área de determinación, pero puede resultar muy frustrante para un Tauro el experimentar la habilidad "psíquica" de Escorpio, donde simplemente sabe qué hacer en el momento indicado, en lugar de tener que prepararse o experimentar con anterioridad como lo haría un Tauro.

Las personas con signo Tauro son trabajadores arduos que desean seguridad, y si pudieran hacer todas las cosas que hace un Escorpio, esas habilidades pueden ser aprovechadas a medida que construyen sus vidas, pero

Escorpio también desea poder enfrentarse a las tormentas de la vida con la abundante calma y paciencia de un Tauro, podrían lograr más de esa manera. Entonces, cuando estos dos se unen y comparten estas virtudes, pueden cambiar muchas cosas para mejor. Esta relación nunca será monótona o aburrida, eso pueden darlo por sentado. Escorpio puede ser sarcástico cuando está enojado, y es fácil que un Tauro pueda sentirse herido por ello, de nuevo, ellos valoran los comentarios directos, y no aquellos que se esconden o protegen detrás de oraciones retóricas. Piensan que una persona puede simplemente decir lo que hay que decir, y no hay necesidad de embellecerlo o tratar de ser malo. Sin embargo, los escorpiones pican cuando están enojados.

Los Tauro tienen un gran sentido del humor y de lo ridículo, pero pueden ser propensos a la autocompasión.

Escorpio tiene sentido del humor, pero no le gusta dejar que su vulnerabilidad se muestre. Las personas Tauro los hacen sentir más seguros. Ambos son personas reservadas, hasta que los conozcas mejor. Ninguno de los dos habla mucho a menos que realmente tengan algo importante que decir. Lo prefieren cuando las personas se ocupen de sus propios asuntos. Escorpio hará todo lo posible para mantener sus secretos en privado, incluso si tienen que mentir. Un Tauro en realidad solo te dirá que "te ocupes de tus propios asuntos". No convierten todo en un drama como lo hacen los Escorpio. Ambos signos son muy leales, especialmente si lo son el uno al otro. Cuando se enamoran, o desarrollan una amistad profunda, y confían el uno en el otro, estos dos pueden mover montañas juntos.

Serán posesivos el uno del otro, pero todo es en un sentido acogedor, cariñoso, y cálido, porque saben que ninguno de los dos soltará la relación o amistad.

El perfil de Escorpio

Adicional a lo que ya hemos mencionado, cada signo también posee otros elementos característicos que influyen o le ayudan en la vida diaria, entre ellas se encuentran números especiales, días, plantas, colores, metales, lugares, joyas, piedras, etc. Estos no funcionan como amuletos absolutos, pero sin duda pueden ayudar a un Escorpio a sentirse más cómodo con su personalidad.

Dicho esto, te presentamos la guía básica que todo Escorpio debe de considerar, y que todos aquellos interesados en conocerlos mejor deberían leer:

- Su dualidad es femenina.
- Su triplicidad o elemento es el Agua.
- Su cuadruplicidad, cualidad, o modalidad es

fija. Es un signo altamente apasionado, muy emocional, y que compensa estos extremos con una gran cantidad de imaginación. Es un signo persistente, apasionado, y emocional que también puede ser sutil. Estas características son magníficas, aunque si no tienen cuidado pueden terminar siendo demasiado obstinados e inflexibles, causando dolor o inconformidad a aquellos a su alrededor.

- El planeta más influyente sobre este signo es Plutón (independientemente del debate sobre su estado astronómicamente hablando). Plutón es el dios de los muertos del más allá, y de acuerdo con la astrología, Plutón es el encargado de controlar la regeneración y dirige el principio y el final de las fases de la vida.
- El símbolo animal es el escorpión. Estas criaturas son conocidas por ser mortales y venenosas, y pueden deshacerse de sus enemigos con una sola picadura, sin embargo, esto solo lo hacen cuando se ven amenazados o atacados.
- El glifo o símbo hace referencia a un símbolo genital, y esta es la parte del cuerpo gobernada por Escorpio. Este símbolo representaba al fénix en la antigüedad. El fénix simboliza la regeneración y la inmortalidad, es uno de los animales míticos más adaptables y eternos de la historia. Las

líneas curvas y la flecha en el glifo de Escorpio simbolizan emociones fuertes basadas en la practicidad y dirigidas a una conciencia superior.
- La frase dominante clave que puedes utilizar en tu vida es "Yo deseo…"
- Tu signo polar es Tauro. Recuerda que los Escorpio se encuentran en la generación de legados, tienen un gran sentido del destino y el llamado a lo trascendental, y un sentido de propósito. Por otro lado, los Tauro tienen la necesidad de poseer y tener. Aquellos que nacen bajo este signo tienen el deseo de acumular y coleccionar, les es difícil dejar ir, especialmente a algo o alguien que consideren "suyo".
- Las partes del cuerpo que son gobernadas por Escorpio son los genitales. Los Escorpios son propensos a las infecciones en las vías urinarias y enfermedades venéreas gracias a esto. Ya que sus emociones tienden a ser volátiles, pueden llegar a tener una salud física deficiente gracias al desgaste que estas provocan en el cuerpo o como consecuencia del cansancio de sobrellevarlas.
- Su día de la suerte son los martes.
- Los números de la suerte de Escorpio son 2 y 4.
- La piedra de nacimiento mágica es el topacio. Las piedras también son importantes en el

zodíaco, ciertos minerales o piedras preciosas poseen una conexión energética especial con los planetas y las estrellas. En el caso del topacio, ayudará a los escorpios a traerles serenidad en la mente y mantenerlos a salvo de la enfermedad y sus enemigos. El topacio también es importante para los escorpio porque los ayuda a canalizar su energía interna y desplegar sus poderes ocultos.

- Los colores especiales del signo son el marrón, borgoña, y escarlata. Estos colores que se encuentran en el ramo cálido del círculo de color y en una tonalidad de rojo representan la ardiente pasión que poseen dentro de ellos.
- Sus ciudades son Liverpool, Newcastle, Washington D.C., y Nueva Orleans.
- Sus países son Marruecos, Noruega, Tahití, y Algeria.
- Las flores que van con ellos son los Rododendros y la Crisantemos.
- Los árboles que van con ellos son los árboles frondosos y el Blackthorn
- El metal que va con ellos es el plutonio.
- Los animales importantes para escorpio son los crustáceos e insectos.

Retos a los que se pueden enfrentar los Escorpio

. . .

Cuando se trata de relaciones románticas, los Escorpio suelen ser posesivos y no duran demasiado tiempo con sus parejas. Tienen una baja autoestima y necesitan que otros les digan que son buenas personas o compañeros de calidad, sin embargo, no todos están a favor de elogiarlos todo el tiempo, y este es otro problema que tienen cuando se trata de romance. Mientras tanto, deben aceptar que su otra mitad tiene defectos como cualquier otra persona e incluso ellos mismos.

Pueden darse cuenta en algún momento de su vida de que no son felices sin importar cuánto hayan tratado de serlo. Durante estos momentos, deben entender que la felicidad viene de sus adentros, y no necesariamente de las posesiones terrenales o incluso de otras personas. Cuanto más se sienten bien con quienes son, menos son propensos a perturbarse por fuerzas, emociones, y personas negativas en su vida.

Los Escorpio sufren del complejo de inferioridad, y muchas veces su capacidad destructiva no únicamente afecta a aquellos a su alrededor, sino que, con frecuencia, ellos mismos son el blanco principal de esta ira y dolor. Como Escorpio, es importante que practiques la autocompasión, que entiendas que al final del día eres un humano más, y como el resto de nosotros estás lleno de debilidades que puedes, si así lo deseas, compensar o mejorar utilizando la gran cantidad de fortalezas que vienen con ellas.

. . .

Si eres una persona cuyo ser querido Escorpio está pasando por un episodio como este es necesario que te mantengas fuerte, porque intentarán deshacerse de ti e incluso herirte. Recuerda que los Escorpio reaccionan de esta manera cuando se sienten traicionados o heridos, y la destrucción que los rodea finalmente se calmará cuando hayan logrado sanar sus heridas.

Mantente firme, brinda un hombro en el cual recargarse, y no te lo tomes personal. Te aseguro que tu adorado Escorpio te lo agradecerá posteriormente.

A pesar de su tendencia autodestructiva, debes de saber que los defectos pueden quedar atrás si eres sincero contigo mismo y encuentras una manera de olvidar tus errores pasados. Cuando los Escorpio tienen la guardia alta pueden ser naturalmente repelentes para otras personas, ya que parecen ser un tanto fríos o poco acogedores, lo que no es necesariamente atractivo para otros signos, sobre todo aquellos que buscan condiciones cálidas y amorosas en un amigo o pareja. Si tienen una percepción negativa de la vida, sienten que siempre están siendo perjudicados, lo que se puede notar en la forma en que se expresan. Muchos los ven como poco constructivos o incluso deprimentes, y es esta la razón por la que los evitan la mayor parte del tiempo.

Entonces, ¿Cómo puede un Escorpio superar todos estos obstáculos?, Primero que nada, necesitan prestar más atención a sus propias palabras y revisar su actitud de vez en cuando. Si solo están ofendidos y a la defensiva, terminarán siendo de hecho ofensivos y mezquinos, pero siempre pueden usar algunas de sus otras cualidades positivas para superar este episodio negativo. Hablaremos de esto un poco más a lo largo de los siguientes capítulos.

Escorpios famosos

Ahora que conoces un poco más sobre las cualidades predominantes de Escorpio, seguramente te estarás preguntando: ¿De qué pueden servirme todos estos puntos? ¿Es realmente beneficioso ser un Escorpio? Como buen Escorpio, puede que te estés concentrando primeramente en los aspectos negativos que vienen con tu signo, sin embargo, toma un momento para respirar y darte cuenta de que hay muchas virtudes que pueden ayudarte a lograr el éxito. Si no me crees, dale un vistazo a esta lista de famosos Escorpio que han sabido utilizar las ventajas de su signo para alcanzar el éxito.

1. María Antonieta: nacida el 2 de noviembre de 1755

Un Escorpio nunca diría "dejen que se coman el pastel", y resulta que tampoco lo hizo María Antonieta.

Esta infame reina escorpión a menudo fue malinterpretada e incomprendida debido a sus comportamientos distantes y alienantes, un problema clásico de Escorpio, y que seguramente era más fácilmente identificado durante la época antigua de esta reina.

Por suerte, hoy en día, algunos Escorpio tienen mucha mejor empatía y capacidad de comprensión, y no mandan a aquellos que decidan desafiarlos a la guillotina.

2. Pablo Picasso: nacido el 25 de octubre de 1881

¿Período azul? Toda la vida de Escorpio es un período azul. La intensa emotividad, el color y la pasión de la obra de Picasso son típicos de cualquier visión y meta de Escorpio. Los Escorpio son los primeros en sacudir las cosas y desafiar las percepciones de las personas, que es precisamente lo que Picasso hizo con su arte a lo largo de toda su vida y carrera, y que hoy en día son un legado para el arte y la humanidad.

3. Bill Gates: nacido el 28 de octubre de 1955

Puede que te sorprenda que Bill Gates sea un Escorpio, pero echa un vistazo a su vida y logros, y esa sorpresa se desvanecerá.

Bill es famoso por hacer lo que sea necesario para salir adelante en el área en la que se desempeña, y no tenía miedo enojar a más de un par de sus amigos y socios para hacerlo.

Una vez que logró el dominio mundial, dirigió su mirada a la caridad, trazando un nuevo curso para sí mismo y ayudándolo a conectarse con su prójimo en el proceso, esto es algo muy común en los Escorpio, especialmente en aquellos que han sentido que ya lograron su propósito y están en busca de una nueva aventura que les ayude a dar sentido a su vida.

4. Kris Jenner: nacido el 5 de noviembre de 1955

Kris no es el único Escorpio en el clan Kardashian-Jenner (tanto Caitlyn como Kendall también nacieron bajo este signo de agua), pero Kris encarna la energía del escorpión de la mejor manera como la mente maestra detrás de uno de los reality shows más dramáticos y llenos de tensión de la televisión. Los Escorpio no tienen problemas para exponer su propia vida emocional para que todos la vean. Su apertura con sus altibajos y su voluntad de pasar por un trauma entero ante el ojo público pueden ayudar a otros a sentir que no están solos. Y para todos aquellos que no somos Escorpio, obtenemos un programa de televisión altamente entretenido.

5. Julia Roberts: nacida el 28 de octubre de 1967

Sí, así es, el encanto de Estados Unidos es un Escorpio.

Julia encarna todos los rasgos clásicos de un signo de agua con su capacidad para profundizar emocionalmente, lo que ayuda a interpretar a personas reales en la pantalla.

Ella es capaz de ponerse en los zapatos de los demás, y se nota, y el mundo no se ha cansado de ello, al grado de que, a sus más de 50 años, sigue siendo contratada por algunos de los directores de cine más renombrados de Hollywood.

6. Winona Ryder: nacida el 29 de octubre de 1971

No debería sorprender que la mujer que protagonizó películas como Beetlejuice y Edward Manos de Tijera sea un Escorpio. Este signo es básicamente la encarnación de Halloween, y ¿qué celebridad es más Halloween-y que la estrella de Stranger Things, Winona Ryder?

Winona no tiene miedo de volverse un poco rara o jugar en el reino de lo espeluznante, y en cada ocasión que lo ha hecho ha sacado a relucir sus habilidades de escorpión en todo su esplendor, desde su rara creatividad hasta el terror personificado, y es eso precisamente lo que la vuelve tan impactante y adorable ante los ojos de los espectadores.

7. Leonardo DiCaprio: nacido el 11 de noviembre de 1974

La vida de Leo es la encarnación perfecta del acuoso Escorpio, siempre se encuentra rodeado de lujos en el mar, y prefiere las aventuras íntimas en lugares remotos en lugar de la vida en el centro de atención constante. Los Escorpio prefieren rodearse de un grupo pequeño de amigos íntimos y, sobre todo, confiables. No les interesa ser amigos de todo el mundo, mientras tenga a un par de individuos que lo comprenden, quieren, y en quienes puede poner su confianza sin duda alguna, el Escorpio se dará por bien servido.

8. Anne Hathaway: nacida el 12 de noviembre de 1982

Solo un Escorpio podría ofrecer la gama de actuaciones con las que Anne Hathaway nos ha bendecido en su carrera, desde Mia Thermopolis hasta su interpretación de "I Dreamed a Dream" en Les Mis. Anne ha pasado por grandes periodos donde el público la odia sin razón aparente, su gran cantidad de pasión puede ser abrumante y ciertamente incomprendida. Como buen Escorpio, se ha apegado a sus valores y visión de la vida a pesar de los problemas que esto haya podido traer en su vida, y está claro que esta actitud de escorpión le ha traído los beneficios que siempre esperó tener.

9. Katy Perry: nacida el 25 de octubre de 1984

Como intérprete, Katy Perry siempre está tratando de empujar los límites y hacer algo diferente, lo que podría deberse al hecho de que nació bajo el signo de Escorpio.

Los Escorpio prefieren ir contra la corriente, lo que nos hace pensar inmediatamente en los disfraces salvajes y las travesuras de Katy. Y su batalla de años con Taylor Swift demuestra que es un Escorpión que puede perdonar (pero tenemos la sensación de que nunca olvidará). No es de extrañar que esta cantante sea parte del signo más explosivo de todos.

3

Escorpio en los círculos sociales

ESCORPIO en el trabajo

La vida laboral está llena de retos y obstáculos, y cada uno de los signos tiene diferentes virtudes y fortalezas que los pueden ayudar a sobrellevarla e incluso triunfar en ella. Por supuesto, los escorpio no son una excepción a la regla. Es poco probable que encuentres a alguien más comprometido con la labor que a los escorpiones – quizá únicamente Virgo les haga rivalidad.

Su miedo al fracaso los vuelve comprometidos, trabajadores, y constantemente buscando superarse y dar el 110% de sí mismos sin importar el tamaño de la tarea que se les haya asignado. Son personas leales y con una gran imaginación.

Su rechazo a lo convencional los vuelve personal muy

innovador y dinámico, que siempre tendrán algo nuevo para sorprender a los directivos o sus clientes. S

u manera creativa de ver los problemas los hace muy hábiles para resolverlos incluso si sus métodos pueden llegar a ser poco ortodoxos.

Si eres un Escorpio, puede que ya te hayas dado cuenta de que eres naturalmente encantador y tienes una voluntad de hierro. La gente se siente atraída hacia ti, tu actitud y sentido del compromiso son magnéticos, y es claro que tus compañeros y superiores se dan cuenta de ellos. Sin embargo, no importa cuánto la gente quiera trabajar junto contigo, lo más seguro es que operes mejor individualmente. Necesitas la libertad, creativa y literal, que conlleva ser el líder de tu propio proyecto, esto no significa que estés en contra de seguir las órdenes de otros, pero es necesario que la persona que te lidere sepa lo que está haciendo, o de lo contrario la falta de dirección efectiva hará que pierdas el interés o se desperdicien tus habilidades. Aun así, harás lo posible para trabajar de manera individual, así nadie te retrasará ni se interpondrá en tus innovadoras y bizarras estrategias.

Para aprovechar al máximo su vida profesional, los Escorpio deben buscar carreras que sean significativas y ayuden a las personas a avanzar, crecer o tener éxito en alguna área de sus vidas. Las siguientes profesiones son muy adecuadas para la personalidad de Escorpio.

1. Psicólogo

Los psicólogos investigan los profundos secretos de la mente para dar sentido al comportamiento humano.

Publican sus hallazgos en artículos académicos, revistas, libros y documentales. Esto es ideal para los Escorpio que quieren hacer un trabajo con propósito para brindar una mayor comprensión de los problemas complejos que pueden estar atravesando las personas, y que con frecuencia no son necesariamente comprendidos por aquellos a su alrededor, una sensación con la que este signo está muy familiarizado. Los Escorpio pueden incluso encontrar que investigar la mente humana les ayuda a comprender las complejidades de sus propias personalidades, o las áreas de oportunidad dentro de sus relaciones diarias.

2. Investigador

Los investigadores emplean métodos prácticos para llegar al fondo de las cosas.

Los investigadores pueden desempeñarse en distintos roles, ciertamente, y sus responsabilidades pueden variar dependiendo del área en la que se encuentren, pero con frecuencia implican la recopilación de información, el uso de análisis estadísticos para interpretar los datos, el reclutamiento de participantes, y la compilación de los hallazgos para ser presentados o publicados.

Los Escorpio son expertos en estas áreas, tomándose su tiempo para llevar a cabo cada parte del proceso necesario para cumplir con el objetivo final.

3. Ingeniero

Los Escorpio tienen algunas habilidades y destrezas naturales, que los convierten en grandes Ingenieros. Canalizan su pasión, lealtad y perspectiva analítica en analizar y mejorar sistemas y proyectos.

Los deberes de este rol van desde la elaboración de planos hasta la aplicación de conceptos matemáticos para sacar conclusiones o resolver problemas. El diseño, el desarrollo, la investigación y la construcción son componentes clave en esta profesión y áreas en las que las habilidades creativas de Escorpio pueden sacar a relucir lo mejor de ellos.

4. Asesor Financiero

Una función central de este tipo de asesor es ayudar a los clientes a identificar y cumplir con los objetivos financieros que se han establecido, desde individuos tratando de mejorar su salud financiera hasta empresas en busca de expansión y mejora de ganancias. Los clientes emplean sus servicios para corregir problemas financieros, determinar formas de financiar esfuerzos futuros (como ser propietario de una casa o comprar un vehículo) y tomar decisiones fiscales inteligentes. Los Escorpio tienden a ser buenos con el dinero y la estrategia, y estas virtudes combinadas los vuelven perfectos para estos roles de inteligencia y habilidad estratégica.

5. Farmacéutico

Los farmacéuticos están encargados de elaborar medicamentos recetados, educan a los pacientes sobre las mejores prácticas médicas mientras usan los medicamentos, y hacen recomendaciones según sea necesario.

Los farmacéuticos a menudo deben combinar habilidades médicas con habilidades interpersonales porque gran parte de su trabajo está orientado a las personas, para que Escorpio pueda sobresalir en esta posición deberá sobreponerse a algunos de sus instintos naturales (como responder con sarcasmo a las preguntas tontas) pero si logra desarrollar la habilidad social puede hacer un gran impacto a largo plazo en la vida de mucha gente, y este sentido de propósito lo llenará en muchos aspectos de su vida.

. . .

6. Médico
Los médicos diagnostican y tratan dolencias, realizan exámenes, y educan a los pacientes sobre sus diagnósticos.

La pasión de un Escorpio puede convertirlos en excelentes médicos. Este rasgo, y la lealtad de un Escorpio son activos en las relaciones con los pacientes. Por supuesto, de manera similar a su rol farmacéutico, habrá muchos obstáculos a los que un Escorpio deberá sobreponerse, pero se dará cuenta a lo largo de su carrera que la labor que hace es significativa. No solo será satisfecho por el impacto o legado que pueda dejar en sus pacientes, sino que la necesidad de resolver problemas creativamente, actuar con rapidez y astucia, y encontrar respuestas a enigmas médicos mantendrán estimulado al incesante cerebro de Escorpio.

7. Analista de mercado
Los analistas de mercado necesitan saber tanto sobre las personas como sea posible.

Están interesados en lo que las personas compran, el grupo demográfico al que pertenecen, cuáles son sus necesidades y lo que es importante para ellos. Utilizan esta información para asesorar a las empresas sobre cómo comercializar productos y servicios de manera efectiva.

. . .

La perspectiva única y curiosidad del Escorpio es muy valiosa en esta línea de trabajo.

8. Asociado de Marketing

El Asociado de Marketing en su oficina es probablemente la persona que se asegura de que todos los esfuerzos del crecimiento de una marca de una empresa sean cohesivos, efectivos, y llamativos. Seamos honestos, nadie quiere una marca inservible o que no impacte a sus consumidores El Escorpio creativo puede aprovechar su naturaleza intuitiva para desarrollar estrategias de marketing, realizar y aplicar investigaciones, y analizar datos para producir iniciativas de mercadotecnia únicas en su tipo y que sean memorables por años.

9. Terapeuta Ocupacional

Los Escorpio encuentran significado y propósito incluso en las tareas más mundanas, por lo que saben lo importante que es que las personas tengan la capacidad de participar en ellas.

Los terapeutas ocupacionales también son conscientes de esto y ayudan a los pacientes a desarrollar y restaurar las habilidades necesarias para prosperar en su vida cotidiana y laboral. Si notamos el patrón en estas áreas, podemos identificar que muchas de ellas ayudan a elaborar o dejar un legado o impacto en las personas, y la terapia ocupacional no es una excepción a la regla.

. . .

10. Asistente de Recursos Humanos

Estos asistentes apoyan la función de recursos humanos de una organización. Esto incluye facilitar el proceso de reclutamiento, programar entrevistas, mantener registros de empleados, ayudar con capacitaciones y orientaciones, y ayudar a los empleados a navegar por dilemas relacionados con el trabajo. Los Escorpio pueden prosperar en esta profesión orientada a las personas y hacer contribuciones vitales al equipo.

Como siempre, estás son únicamente diferentes ramas en las que, según sus cualidades naturales, un Escorpio puede triunfar, sin embargo, y como he repetido a lo largo de este libro, somos seres humanos individuales con características e intereses diferentes. Si encuentras algo que te apasione lo más seguro es que sobresalgas en ello y te otorgue la satisfacción que una vida laboral debería contribuir a tu vida, sin importar si estaba escrito en las estrellas o no.

Recuerda que los Escorpios valoran altamente su instinto, así que no seas inocente y date la oportunidad de escuchar lo que este te dice, y si esta voz invisible te está llevando por otros caminos lo más inteligente es que la escuches y formes la carrera que realmente deseas. La pasión y creatividad te acompañarán sin importar el campo laboral en el que quieras incursionar, finalmente las habilidades de Escorpio brillarán si son aprovechadas al máximo sin importar la tarea.

. . .

Escorpio en las fiestas

Como hemos mencionado varias veces a lo largo de este libro, los escorpiones se distinguen por algo específico: su pasión, sin embargo, se ha vuelto también algo claro que el trato con la gente, sobre todo aquellas personas que no consideran a su mismo nivel de inteligencia y creatividad, no es precisamente su área de especialidad.

No es que los escorpio sean signos antisociales, pero su batería social puede agotarse rápidamente, sobre todo cuando el ambiente donde se encuentran no está necesariamente lleno de gente que los haga sentir cómodos.

Algunos Escorpios pueden ser el alma de la fiesta, pero esto no es la realidad en la gran mayoría de los casos.

Tampoco es que desprecien estas situaciones sociales, todos necesitamos alguna manera de relajarnos y dejar salir un poco de presión de vez en cuando, pero si le pides su opinión a escorpio preferirán quedarse en casa con su pareja y una buena película de su género favorito o ir a un restaurante con su grupo cercano de amigos, aquellos que ya se ha asegurado entienden su extraño sentido del humor y no cuestionan algunas de sus ideas más alocadas, a salir de fiesta a algún bar de moda donde realmente tendría que interactuar con personas desconocidas.

La superficialidad de las conversaciones mundanas tiende a aburrir a los Escorpio, así que cualquier situación que los obligue a socializar más de lo necesario puede resultar abrumadora para ellos, y por ende se cerrarán a demostrar todos esos aspectos de su personalidad que los vuelven encantadores.

La lealtad de los Escorpio también juega un rol importante en sus elecciones fiesteras.

Este signo de agua prefiere apegarse a aquellos que considera parte de su manada. Esas amigas de toda la vida, aquellos primos que lo acompañaron en momentos difíciles, la pareja que sostuvo su mano mientras yacía enferma, esas son las personas con quien Escorpio querrá compartir sus momentos de diversión.

Así que, si no eres un Escorpio, ¿qué puedes hacer para que se diviertan más o se sientan más cómodos en tu fiesta? Aquí te dejo unos cuantos consejos que te ayudarán a compartir estos momentos de diversión con tus escorpios más queridos:

1. No invites un exceso de gente desconocida para el escorpio, lo más probable es que se abrume o aburra si no está de humor para tener una conversación banal.
2. Permítele llevar a un par más de sus propios amigos o incluso a su pareja, recuerda que los escorpio se desarrollan mejor en un ambiente conocido, y quienes mejor que su propia tribu para ayudarlos a desenvolverse.
3. No los fuerces, Escorpio tiene su propio ritmo y energía, procura permitirles soltarse por sí mismos dejarse ir por el momento.
4. Dale tiempo para recargarse. Probablemente notarás que escorpio merodea sin aparente meta por el lugar, quizá está buscando un lugar solitario y tranquilo para llamar a alguien conocido y platicar un rato con él.
5. Mantente cerca. Si eres la única persona a quien escorpio conoce en el lugar, no lo dejes solo, de lo contrario su sentido de la seguridad se desvanecerá y volverá a encerrarse en su capullo.
6. Un paso a la vez. Quizá no eres tan cercano a ese escorpio cómo te gustaría, y si han aceptado a acompañarte a una reunión social donde se quiere demasiado a su esfuerzo entonces estás en buen camino para convertirte en parte de la manada. Ahora es momento de darle tiempo para descansar, si te niega una segunda salida o cita no te lo tomes

personal, dale espacio suficiente y solito volverá a buscarte.
7. Genera oportunidades creativas y de reto, no te apegues a lo común, no tengas miedo de llevar tu evento más allá, te aseguro que mantendrás al escorpio de puntitas esperando por más.

Escorpio en el hogar

Los Escorpio son leales y dedicados a su familia, amigos, y pareja sin importar lo duro que necesiten trabajar para hacer las cosas bien en casa. También son inteligentes e ingeniosos, lo que significa que se sienten en su mejor momento cuando están rodeados de personas que son como ellos. Escorpio aprecia a quienes considera cercanos, y ¿quién más cercano que aquellas personas con las que ha decidido crecer, aprender, y mejorar? La familia es primero para los Escorpio en casi toda circunstancia. Por supuesto, esto no significa que la sangre pueda más que sus instintos naturales, si tienes un hijo escorpio lo mejor es que hagas todo lo posible por mantener una buena relación, si el escorpio se siente traicionado o herido te hará a un lado, sin importar si eres su padre, su madre, hermano, o quien sea. Aprende a apreciar sus habilidades naturales y apóyalos en sus sueños y metas.

. . .

Los escorpios en ocasiones pueden sorprender a sus seres queridos con los regalos que siempre han deseado; cuando menos crees que escorpio te esté escuchando o poniendo atención, es cuando está tomando notas sobre las cosas que te gustan o anhelas. Sin embargo, como mencionaba antes, si son defraudados una vez, es posible que nunca perdonen u olviden. Su tendencia es ser emocional más que cualquier otra cosa, por lo que cuando están sufriendo, nadie puede mejorar las cosas para ellos, es necesario dejarlos sentir y superar las cosas por sí mismos, sobre todo si se sienten incomprendidos.

A sus hermanos siempre les encantará compartir con los Escorpio por ser interesantes y muy devotos con ellos, y también son capaces de guardar secretos para toda la vida, lo cual los vuelve los compañeros de crimen y confidentes perfectos. Las personas nacidas en este signo son observadoras entusiastas y grandes detectives, lo que significa que nunca podrían ser engañados.

Escorpio en el rol de esposa: La más fuerte entre todas

La mujer Escorpio ve a la familia y al hogar como lo principal, antes que todo, por lo que está lista para defender ferozmente estos dos aspectos en su vida de cualquier persona o cosa que los ataque. Ella es fuerte y generalmente es la que está al mando en su matrimonio. Esto puede resultar muy atractivo para ciertos tipos de hombres, y esta actitud magnética puede ser de gran utilidad para formar esa familia que tanto desea.

En caso de que esté con alguien demasiado dócil y listo para hacer compromisos todo el tiempo, puede volverse muy dominante y controlar todo lo que tiene en sus manos. En esta situación, el hombre la aceptaría durante mucho tiempo, después de lo cual explotaría y haría una escena.

Ella no querría que esto sucediera, por lo que necesita a alguien que pueda permanecer en el medio cuando esté con ella, que tenga el coraje suficiente para ponerse de pie sobre sus propios 2 pies y, al mismo tiempo, sea lo suficientemente comprensivo como para dejarla hacer lo suyo y liderar. Después de todo, lo que ella quiere es hacerle la vida más fácil y, a veces, que se le permita ganar.

Cariñosa y leal, puede convertirse en todo lo contrario cuando se cruza. Las parejas ideales para ella nacen en Aries o en Virgo. Ella toma el matrimonio increíblemente en serio y es el tipo tradicional de esposa, cumpliendo con sus obligaciones y estando en casa temprano para cuidar bien de su familia.

. . .

Sería una buena idea para ella ser menos conservadora y probar métodos modernos para ser la esposa y madre perfecta. Valiente y muy leal, haría cualquier cosa en su poder para que su familia estuviera segura y feliz.

Lo que también es bueno de ella es que no le importa ser responsable de una gran familia, incluso si tiene una carrera por la que luchar.

Escorpio en el rol de esposo: Intuitivo e intenso emocionalmente

Es poco probable que el hombre Escorpio alguna vez sea superficial o que tome las cosas a la ligera. Ve el mundo en blanco y negro, por lo que no hay término medio con él, sin mencionar que a veces puede ser radical cuando se mantiene firme en sus propias creencias.

Por estas razones, puede ser bastante difícil vivir con él, especialmente si no se le permite hacer lo que quiere. Es más como un volcán que está listo para entrar en erupción en cualquier momento. Nadie sabe cuándo va a suceder esto.

. . .

El Escorpio tiene emociones muy intensas y a veces puede obsesionarse con personas o cosas, lo que puede ser muy peligroso para él. Su pareja puede tener muy difícil hacer frente a su intensidad de emociones.

Sin embargo, hay un lado bueno de todo esto, ya que es muy empático y puede sentir las emociones de sus seres queridos sin que le digan nada de ellos.

Los poderes psíquicos de escorpio pueden manifestarse en este ambiente como grandes actos de amabilidad y gentileza, estas actitudes llegan de manera natural para las esposas Escorpio, y los miembros de sus familias lo aprecian sobremanera. Sin embargo, estos poderes aparentemente psíquicos también se manifiestan en otros sentidos de sus vidas, así que le resultará difícil a sus hijos el engañarle o mentirle; es imposible esconderle algo a Escorpio.

Tiene la intuición más acentuada en el Zodíaco, lo que significa que conoce cada pequeño secreto de las personas que le importan.

Incluso con esta habilidad, todavía le resulta difícil confiar en los demás o dejar que se muestren sus vulnerabilidades. Esto puede representar problemas en su matrimonio si no tiene cuidado, estas cualidades ciertamente atrajeron a su pareja en primer lugar, pero no son necesariamente las mejores herramientas para el trabajo en equipo y la formación de una vida de manera conjunta, así que debe mantenerse pendiente a las señales y aprender a dejar ir de vez en cuando.

Escorpio en el rol de padre de familia: Creando hijos independientes

Los padres Escorpio disfrutan de transmitir el conocimiento que han adquirido a lo largo de su vida, por lo cual encuentran propósito en comunicarle sus experiencias a sus hijos constantemente, siempre están enseñándoles lo que significa la independencia y la fortaleza, dos habilidades que son importantes en los valores del Escorpio. Son hombres extremadamente orgullosos y con frecuencia celebran los logros de sus pequeños y, por supuesto, su pareja de vida. Lo bueno de ellos como padres es que no son posesivos con sus hijos, por el contrario, los alientan y preparan para poder mantenerse con sus propios medios una vez que sus padres hayan cumplido con su misión de criarlos.

Sin embargo, esto no significa que se quedarán de brazos cruzados si algún problema o peligro llegara a enfrentárseles, por el contrario, si alguien se mete con ellos en el patio del recreo, no dudarán dos veces en quemar todo lo que sea necesario para que se haga justicia o su hijo se encuentre protegido. Les gusta ser el soporte emocional de sus pequeños, sin mencionar que pueden enseñarles mucho sobre la pasión, la sensibilidad y la intensidad de las emociones.

La mayoría de las veces, el vínculo establecido con sus hijos es muy fuerte y sincero.

Son padres complejos y misteriosos que al mismo tiempo son transparentes y honestos con sus emociones y deseos, lo cual fomenta una mejor relación con sus hijos y les reafirma la idea de que pueden confiar en ellos sin importar por lo que estén pasando. A veces pueden olvidar que es una buena idea demostrarles a sus hijos que son capaces de ser vulnerables y que sus sentimientos también pueden ser heridos.

Los padres escorpio naturalmente se encuentran atraídos por las ramas de la psicología y la historia, lo que los hace comprensivos y buenos investigadores, habilidades que resultan útiles para el momento de ayudar a sus pequeños a desempeñarse correctamente en las áreas laborales y estudiantiles.

. . .

También son altamente perceptivos, la habilidad psíquica natural de los escorpio se traduce automáticamente en un conocimiento intuitivo de los sentimientos de sus hijos. Sin embargo, deben tener cuidado con cómo utilizan esta habilidad, de otra forma podrían consentir demasiado esta necesidad, y eventualmente se olvidarán de expresar sus sentimientos con sus propias palabras lo cual puede complicar futuras relaciones o darles la sensación de que "nadie los entiende como papá".

Al aprender algunos secretos de sus hijos, deben mantenerlos a cualquier costo, sin importar cuán tentados puedan estar de terminar en control de todo y manipular.

En cambio, deben centrarse en ser abiertos y ganarse la confianza de sus hijos. Cuanto más cariñosos y honestos sean con ellos, más podrán tener la familia que siempre han soñado tener.

Los hermanos Escorpio: Siempre protectores

Como hermanos, los Escorpio son aquellas personas que siempre protegerán las espaldas de sus hermanos y hermanas, incluso en situaciones de altercados físicos.

. . .

Recuerda que los escorpios ponen mucho énfasis en la familia, especialmente si esta ha logrado generar un ambiente donde no tendrán miedo de ser juzgados o atacados.

Si bien les resulta difícil abrirse a los demás, no les importa hacerlo con sus hermanos. Además, su instinto protector sale a renacer constantemente, y sin un objeto en donde colocarlo pueden sentirse abrumados o inútiles.

Los hermanos, especialmente los menores, cumplen la función de ser los objetos de protección, al igual que el padre escorpio, un hermano o hermana escorpio siempre estará preparado para emerger ante el peligro que pueda amenazar a sus adorados hermanos.

Su amor es fuerte y corre a través de las aguas más profundas. Están listos para luchar por aquellos con quienes crecieron sin importar la situación. Sería una buena idea no ocultarles nada porque tienen un sexto sentido a la hora de averiguar cualquier secreto. Al mismo tiempo, son muy privados con su propia vida y saben cómo ocultar lo que hay dentro de su mente. De lo que no deberían estar orgullosos es de su tendencia a usar los secretos de las personas en su contra, pero, de nuevo, lo más probable es que ni siquiera tengan que recurrir a estos métodos malévolos si se mantiene la transparencia.

. . .

La hermana Escorpio es muy protectora, incluso cuando no está de acuerdo con sus hermanos. Su clan significa todo para ella. Volviendo a la parte de estar en desacuerdo con sus hermanos y hermanas, siempre tiene la tendencia a hacerlo, pero esto no significa que no ame entonces con todo su corazón.

En sus mejores momentos, los hermanos para Escorpio son personas con quienes pueden abrirse intelectualmente y disfrutan de discutir de las cosas más finas de la vida tales como la filosofía y el arte.

4

Fortalezas y debilidades de un Escorpio

FORTALEZAS

El balance es parte importante de todos los signos del zodíaco, es un concepto central cuando hablamos de la energía y especialmente en aquella relacionada con la universal y de las estrellas, por ende, es solo natural que todos los miembros de este sistema tengan fortalezas y debilidades.

Es posible que no resuenes con algunas de las características que estamos por mencionar, recuerda que al final y el día hay muchas cosas que pueden influenciar en tu comportamiento y cosmovisión en general, cada Escorpio es único gracias a lo que ha vivido, experimentado, y visto a lo largo de su vida, e incluso puede haber variaciones gracias a la edad o sabiduría que el individuo posea.

. . .

En general, los Escorpio son individuos idealistas. Para muchos esto puede ser algo tonto, pero es una de las mejores cualidades de este signo. Los escorpio no solo ven lo debería ser, sino que también son capaces de reconocer las cosas como son, al ser signos de agua tienden una cualidad adaptativa que solo pueden alcanzar si son capaces de poner los pies sobre la tierra.

Es por esto que Escorpio es conocido como el signo de las contradicciones. Los polos opuestos son una parte natural de ellos. Son pasionales, pero al mismo tiempo fríos con aquellos que no conocen, son signos poderosos y un tanto débiles al mismo tiempo, aferrados y desapegados. Una contradicción tras otra que únicamente vuelve a los Escorpio personas interesantes y es ciertamente un reto lograr que se abran a ti.

Las características necias y tercas de Escorpio es lo que lo vuelven un trabajador incansable. No importa el proyecto o aventura en la que te veas envuelto, terminarás todo lo que empieces sin importar lo que se interponga.

Esto también se refleja en su capacidad de mantener sus promesas o trabajar por aquello que les han ofrecido a sus seres queridos.

. . .

Como habíamos mencionado antes, los Escorpio son un signo increíblemente emocional, incluso si no lo demuestra en todos los momentos. Son magnéticos y atractivos, aunque con frecuencia pueden ser imponentes y forzar algunas cosas en las personas, sobre todo si estas lo permiten, sin embargo, esto solo es un reflejo de su incesante fortaleza.

A simple vista, un escorpio te podrá parecer calmado, compuesto, y controlado, pero esto es solo una fachada para la cantidad de desastre y destrucción que pueden generar cuando han sido heridos, o los han traicionado.

Podrían ser descritos como un iceberg, una cosa es lo que ves en la superficie, y otra completamente lo que se esconde debajo del agua. De la misma forma, es imposible dimensionar la complejidad o el tamaño de todo lo que esconde escorpio bajo la superficie. Estos signos de agua te sorprenderán constantemente.

La valentía es otro de los aspectos positivos que cargan los escorpio, y sin duda esta va acompañada de su determinación. La determinación ciertamente los ayuda a mantenerse firmes en los proyectos que han comenzado, pero es la valentía lo que les permite aventurarse a los misterios de un nuevo proyecto o negocio. Cuando los Escorpio realmente quieren algo, van por ello con decisión y determinación, y sin miedo al fracaso.

Muchas veces hemos mencionado a lo largo de este libro la impresionante habilidad psíquica que poseen los Escorpios, debo aclarar que esta es una habilidad general de los signos de agua, pero tiende a ser más prominente en este signo escorpión. Pueden llegar mucho más profundo que el signo promedio, y muchas veces se entregan por completo a este poder en lugar de aferrarse de lo que pudiera significar; su naturaleza curiosa les permite seguir adelante en este nuevo plano de las energías y el poder psíquico.

Los escorpios reinan sobre muchas cosas, pero aquellas en las que se realzan son el nacimiento, la muerte, el sexo, y la regeneración. Su instinto afilado los ayuda a navegar en estos temas naturales y necesarios en la vida humana que, aunque nos cueste trabajo admitirlo, aún siguen siendo un misterio casi absoluto para nosotros.

Si eres un escorpio, tu habilidad para adaptarte y cambiar a favor de lo que te rodea es admirable, pero tu lealtad viene antes que todo, no es algo que necesariamente disfrutes, prefieres rodearte de gente conocida y lugares familiares donde eres consciente que te encuentras seguro y libre de prejuicios.

A simple vista esto te puede parecer contradictorio, y las personas a tu alrededor concordarán con ello, pero esto se debe a tu comprensión del mundo y su constante cambio.

No tienes miedo de cambiar el rumbo de tu carrera laboral si has llegado a un punto sin retorno, tampoco le temes a tomar nuevos proyectos si eso significa que te acercarás más rápidamente a la meta que has estado saboreando desde el principio; tu adaptabilidad no surge de un deseo de cambiar, si no de tu necesidad innata de seguir adelante sin importar los cambios que pueda ponerte la vida en el camino.

Estas habilidades combinadas con tu lealtad natural son cualidades altamente atractivas para los empleadores, por lo que son un conjunto de características que probablemente te asegurarán el éxito.

Por supuesto, con el éxito económico vienen otras responsabilidades y retos a los cuales enfrentarse, sin embargo, los escorpio son naturalmente buenos con el dinero; tienen una visión conservadora del mismo, naturalmente entienden bien los conceptos del ahorro y la inversión, y son prácticos e incluso un poco tacaños con él. Esto puede, cuando se encuentra en comunidad o matrimonio, ser extremadamente útil, deja las finanzas en las manos de tu pareja o compañero escorpio y verás como no volverás a batallar para pagar la renta (pero a lo mejor sí para comprarte algo innecesario que te guste).

En resumen, los Escorpio son personas extremadamente profundas y emocionales, y son intensos en todas las cosas que hacen. Son líderes naturales y pueden ser muy serios; son uno de los signos más interesantes debido a su intensidad, y hay algunas características clave de Escorpio a tener en cuenta que los hacen destacar:

- **Determinación**: La determinación es una de las características más conocidas de Escorpio. Cuando un Escorpio quiere algo, va a por ello y no se contiene. No hay mucho que pueda detener a un Escorpio una vez que tienen su mente puesta en algo, y tienen un enfoque inigualable cuando persiguen un objetivo.
- **Valentía**: No hay nadie mejor para tener a tu lado durante un momento difícil que un Escorpio. Se enfrentarán al peligro y los nuevos sin pensarlo dos veces, y siempre son los primeros en ofrecerse como voluntarios para realizar tareas difíciles. Especialmente

cuando se trata de ayudar a familiares y amigos, la personalidad de Escorpio significa que son los primeros en saltar a la refriega.

- **Lealtad**: Si un Escorpio está comprometido con alguien o algo, se apegará con ello con todas sus fuerzas. Su confianza es difícil de ganar, pero una vez que confían en alguien, se dedican por completo a esa persona y aplican su determinación clásica para apoyar a sus amigos, familiares y socios sin importar la dificultad del problema que estén enfrentando.
- **Honestidad**: Los Escorpio son honestos con una falta. Siempre dicen la verdad, pase lo que pase, y odian la deshonestidad de los demás. Tampoco pueden soportar a las personas que roban y engañan, ya que son tan honestos consigo mismos como lo son con los demás.
- **Ambición**: Se sabe que los Escorpio son feroces. Son decididos a lograr sus metas, y establecen esas metas altas. Los Escorpio no ven ni ponen límites en sus vidas, y no dejan que nadie les diga que algo que quieren no es posible.
- **Intuición**: Sus habilidades físicas no son los únicos recursos con los que cuentan los Escorpio, confían ampliamente en su instinto y no toman ninguna decisión sin escuchar lo que este tiene que decir primero. De esta forma, puede que muchas veces sean incomprendidos, pero mientras el escorpio se

sienta cómodo con su decisión no podrá
considerarla como una mala.

Debilidades

Uno de los mayores obstáculos a los que se encuentran los Escorpio es a la posibilidad de ser incomprendidos.

Cuando los comparan con otros signos, es claro que Escorpio tiene su propia percepción de la vida y las cosas, y puede ser tan única que es fácilmente malinterpretada, sobre todo si es comparada con las de otros signos. Solo otro Escorpio, y no en todas las ocasiones, puede entender por completo la complejidad y profundidad de tus pensamientos. Incluso si pareces calmo y compuesto por fuera, la turbulencia en tu cerebro se encuentra siempre presente y, por supuesto, causa estragos en tu conducta y humor.

Por este motivo, los Escorpio son seres bastante independientes, y se toman su tiempo para permitir a las personas entrar a su vida sea personal o laboral. Su necesidad constante de pensar, filosofar, y embarcarse en una nueva aventura hace que gran parte de su tiempo sea invertido en generar planes y estrategias para futuro, y aunque estas cualidades pueden parecer aspectos positivos siempre se ven influenciadas por una de las debilidades más obvias: la necesidad de control.

El Escorpio es muy consciente de su vasta habilidad para crecer y adaptarse, y es por ello que algunas veces le cuesta trabajo delegar opciones, recordemos que a los signos fijos no les gustan las sorpresas o la volatilidad, y cuando ceden el control no están seguros si las cosas saldrán de la manera como lo quieren. ¿Recuerdas el hecho "si quieres algo bien hecho, hazlo tú mismo"? Bueno, los escorpio son la encarnación de este famoso refrán.

Cierto, te cuesta trabajo ceder el control, pero esto es solo porque siempre quieres que tu manada se encuentre protegida y feliz. Tienes las herramientas para enfrentarte al peligro, y el control te hace sentir la seguridad de que te encontrarás bien al igual que aquellos a quienes quieres.

Sin embargo, a medida que crezcas y te desarrolles, te encontrarás con personas igual de capaces de que tú para apoyarte, y si has formado una familia tendrás que, eventualmente, delegar responsabilidades y apoyarte en tu pareja para superar varios obstáculos, y si no trabajas en tu necesidad de que las cosas sean a tu manera, generarás más caos del que buscas evitar.

· · ·

Cuando Escorpio no ha madurado, es posible que su necesidad de controlar se manifieste de maneras tóxicas.

Los Escorpios son expertos manipuladores y harán lo que sea para satisfacer sus necesidades o ambiciones.

Por supuesto, esto no es una cualidad que otros signos aprecien o quieran, lo que puede llevar a este infantil tipo de Escorpio a una vida de soledad y aislamiento.

Incluso las personas más leales se darán la vuelta si se dan cuenta de que han sido manipuladas.

La frialdad es un tema recurrente en los Escorpio.

Hay que aclarar primero que, en muchas ocasiones, esta frialdad es solo una lealtad o amor por la manada que es incomprendida por externos, es decir, el escorpio prefiere apegarse a las personas que conoce y tiene poco interés por expandir su grupo social, y por ende el esfuerzo que pone en el desarrollo de nuevas relaciones puede ser mínimo, haciéndolo parecer frío o desapegado. Por otro lado, esta frialdad también puede surgir de que un escorpio deliberadamente busque reducir la cantidad de amabilidad y adoración que le otorga a otras personas por considerarlas indignas de su amistad o atención.

Las intensas emociones de escorpio pueden ser un arma de doble filo. Por un lado, entregan todo por aquellos que aman, y esto es una gran cualidad cuando los sentimientos son positivos, pero un gran problema cuando, por el contrario, los sentimientos de escorpio están llenos de rencor, celos, u odio. Si un escorpio se siente herido o traicionado, jamás será capaz de olvidar o perdonar, y esto puede llevar a situaciones complicadas como disminución de la salud mental con repercusiones físicas.

En resumen, la naturaleza de Escorpio es benéfica en una gran cantidad de situaciones, pero si no mantiene sus emociones bajo control, puede tener una vida rodeada de dolor y egoísmo que lo llevará a la soledad. Las debilidades más prominentes de Escorpio son:

- **Celos:** Los Escorpio sienten todo intensamente, incluyendo los celos. Se encelan rápidamente y sin mucha razón, ya que piensan que su determinación e inteligencia les dan derecho a obtener lo que quieren. Les cuesta trabajo no comparar los logros de otras personas con los suyos, y piensan que todo es una competencia.
- **Reservado**: Los Escorpio nunca muestran

sus cartas. Son increíblemente honestos, pero no les gusta mostrar ninguna vulnerabilidad, especialmente con personas de las que no están seguros. Tienden a mantener sus sentimientos para sí mismos, así como planes e ideas, por lo que los Escorpio tienen una ventaja y son poco vulnerables a ataques sorpresa o emboscadas de enemigos recelosos. Sin embargo, esto también los hace difíciles de tratar con personas, y corren el riesgo de quedarse solos por ello.

- **Resentimiento**: Cuando alguien más obtiene algo que el Escorpio desea, sabemos que puede llegar a sentir celos. Pero además de eso, nadie guarda rencor como lo hace un Escorpio. Se toman en serio las traiciones personales y los malos tratos, y a menudo pueden estar resentidos con los demás por las maldades que le han hecho.
- **Control**: A los Escorpio les gusta tener el control. Su ferocidad e intensidad significa que piensan que saben lo que es mejor, y las personas en sus vidas a menudo se encontrarán bajo el pulgar del Escorpio. Los Escorpio también odian ser controlados por otros, y necesitan dominar todos los hilos en todas las situaciones.
- **Terco**: La terquedad puede ser un rasgo útil, ya que significa que los Escorpio se mantienen firmes y se adhieren a sus principios. Sin

embargo, también son lentos para cambiar sus comportamientos e ideas, y no les gusta el compromiso. Están centrados en lo que piensan y les gusta, y no son fácilmente convencidos de probar cosas nuevas.

5

Escorpio de niño

Primero que nada, es importante recordarte que este signo de agua es naturalmente psíquico, y tiene una habilidad casi terrorífica para leer a las personas y situaciones con precisión. Los niños escorpio tienen tan acentuadas estas habilidades que deberás creerles incluso si te dicen que hablan con gente muerta, puede parecer un chiste o fragmentos de su imaginación, pero debes de prestar atención, porque es probable que no le estén inventando.

Un niño nacido bajo este signo del zodiaco es increíblemente inteligente y amoroso, pero también tienen un lado codicioso y egoísta, que en ocasiones ni siquiera puede parecer propio de un niño. Naturalmente tienden al caos emocional, y sus respuestas y reacciones a las situaciones diarias pueden sorprender a más de un padre principiante.

Sin embargo, esto se debe a que las emociones que

sienten son extraordinariamente profundas y abrumadoras, una característica propia de los signos de agua, y pueden ser demasiado a un ser que apenas tiene conciencia de la inteligencia emocional, es por eso que los altibajos que experimentan en esta área son naturales, y con el tiempo aprenderán a manejarlos de mejor manera.

Las técnicas normales de educación tampoco funcionarán con los niños Escorpio, naturalmente son igual de valientes y temerarios que sus versiones adultas, así que le temen muy poco a las "consecuencias" que pueden imponerles sus padres. En su lugar, un enfoque gentil y de amor incondicional puede tener mejores resultados; los escorpio se encuentran en constante miedo de ser juzgados por sus peculiaridades, así que las consecuencias pueden tener el efecto contrario para construir una base de confianza. Cuando llegue el momento de ser firme, es importante que las palabras vengan de un lugar de amor en lugar de control o dominio, y de esta forma habrá mucho menos drama en el hogar.

Es complicado para un niño Escorpio, e incluso para los adultos escorpio, el perdonar cualquier cosa que considere una traición o herida. Los niños nacidos bajo este signo, en particular, tienen una mayor tendencia a buscar venganza que los adultos.

Sabemos que los niños son honestos con sus sentimientos, y los sentimientos negativos no son la excepción;

los adultos, por otro lado, han tenido la oportunidad de verse afectados y aprender por las malas lecciones de la vida. Sin embargo, los niños Escorpio aún tienen una vida por delante, y tomarán la decisión de alejarse de quien quiera que les cause daño sin dudarlo dos veces.

Los extremos son una parte importante de la personalidad del niño Escorpio, es todo o nada, vivir o morir, caliente o frío. Es difícil para ellos encontrar un punto medio, y si mezclamos esto con su necesidad de ser tomados en serio y la ferviente honestidad que lidera sus vidas, tenemos un niño difícilmente manipulable y naturalmente rebelde. El niño Escorpio nunca responderá bien a la rutina de "Haz lo que digo, no lo que hago", su naturaleza sincera requerirá un estilo de enseñanza congruente, ellos aprenden a través de la observación y la imitación de la conducta, actúe de la manera en que desea que actúe su hijo, de esta forma creará confianza y será más propenso a tener empatía con su niño.

Otro aspecto importante de la educación para hijos escorpio es que se debe utilizar un modelo activo y práctico, y tener un lenguaje del mismo nivel que su inteligencia merece.

El niño Escorpio no huirá de los abrazos y otras muestras de amor, e incluso puede haber grandes beneficios al incorporarlas en la rutina diaria del hogar. Esto mejora su confianza en sí mismos y fomenta la seguridad dentro del ambiente familiar, genera un lugar donde el niño escorpio puede sentirse cómodo y buscar refugio cuando los problemas de la vida se vuelven demasiado para controlar. Es importante recordar, a pesar de esto, que los Escorpio no son tan afectivos como algunos otros signos.

Mucho de lo que piensan y sienten puede permanecer en secreto hasta que estén listos para compartir.

Es importante, de igual manera, un acercamiento directo en cuanto a temas que pueden considerarse tabú. Los niños nacidos bajo este signo son curiosos por naturaleza, y ningún tema o área están fuera de los límites. Es probable que el niño Escorpio se sienta atraído por la exploración sexual antes que cualquier otro signo del zodiaco. Por esto, y dada su natural inclinación a guardar secretos, es necesario que los padres presten principal atención a las líneas de comunicación y confianza que han construido con sus hijos. Es algo complicado, pero será necesario encontrar el balance entre estar enterado sobre lo que ocurre en la vida de tu hijo y el respeto a su privacidad.

Si los dejas a sus propios recursos puede existir el riesgo de que se encuentren en malos pasos, y si los atosigas demasiado pueden cerrarse por completo y dejarte fuera de sus vidas a la primera oportunidad.

Las chicas Escorpio

Las chicas escorpio tienen una fuerte motivación que está enfocada en el futuro. ¿Qué es lo que tu hija quiere ser cuando crezca? Sin importar cuál sea la respuesta, siempre le gustará estar preparada y tener las herramientas necesarias para lograr esa meta. Ese objetivo puede cambiar con la edad, pero la determinación permanece y traduce en lo necesario que necesite para su nueva sueño. Por lo general, su hija tendrá una tendencia a mantener las cosas en privado. Eso puede dificultar la comunicación abierta. A veces necesitas revelar aspectos de ti mismo para que te permitan entrada a su mente y espíritu.

Es posible que descubras que tu hija Escorpio es un poco noctámbula. Si consideras que esto es un problema, acompáñala y ayúdala a desarrollar una rutina nocturna que fomente hábitos del sueño saludables; esto no será fácil, los Escorpio prosperan en la oscuridad, ya que esta es uno de los momentos del día más enigmáticos, y les hace sentir que hay un mundo entero por descubrir en ella. A medida que crezcan, esta naturaleza curiosa se tornará en una fase de cuestionamiento.

. . .

No, desafortunadamente no te enfrentarás a las preguntas sencillas que algunos hijos les hacen a sus padres como ¿por qué el cielo es azul? O ¿de dónde vienen los bebés? Pero la parte importante es que tus respuestas sean congruentes y no simplificadas, y si no sabes la verdad detrás de algo es mejor que seas sincero con ella y le digas que incluso tú puedes ser ignorante de ciertos temas. Sin embargo, es importante que te des a la tarea de investigar la verdad posteriormente, de lo contrario su imaginación se pondrá a volar, y en ciertos temas es mejor satisfacer una curiosidad con datos tangibles a permitir que investiguen información errónea en internet.

El nivel de sensibilidad de un niño Escorpio no conoce límites. Su hija puede aferrarse a cosas dolorosas, incluso si no permite que la gente a su alrededor perciba su pesar.

Haz todo lo que puedas para ayudarla a liberar esas emociones, especialmente a medida que se convierten en adolescentes.

Si eres papá, lo mejor es que te prepares, la cualidad magnética de los escorpios son una gran herramienta para atraer chicos y chicas, así que mantén los ojos abiertos para la fila de pretendientes que se formará detrás. Recuerda mantener una distancia apropiada, aun así, de lo contrario te encontrarás tratando de escuchar sobre su vida amorosa a través de la puerta mientras habla en el teléfono por sus amigas.

Los chicos Escorpio

A los chicos Escorpio les encanta ser la cabeza de la familia. Este niño tiene una gran fuerza, buena salud, y una buena cantidad de agresividad que necesita ser domada antes de que se manifieste de la manera incorrecta. Es muy importante que los padres enseñen al niño Escorpio a respetar la autoridad y el arte de dejar ir las cosas. Ambas características requieren mucha consistencia por parte mamá y papá durante el crecimiento, pero ayudan al Escorpio a lo largo de su vida, no solo a los baches de la infancia.

La naturaleza agua de Escorpio significa que los padres tienen que equilibrar la agresión con muestras de afecto.

Sin eso, el joven Escorpio se esconde aún más profundo dentro de su caparazón. En comparación, cuando se le dan restricciones congruentes y mucho amor, el niño Escorpio generalmente responde con honestidad y franqueza.

. . .

Particularmente los adolescentes, tienen un fuerte sentido del territorio. Cuando necesite pensar, irá a su habitación y usará ese espacio para procesar sus emociones y pensamientos con respecto a la vida. Respeta este límite a como dé lugar, si has construido una relación lo suficientemente buena podrás ser invitado eventualmente, pero, de lo contrario, es importante que dejes este santuario intacto para no desatar la agresividad territorial que naturalmente oculta tu hijo.

Los niños Escorpio tienen algunos rasgos en común con las niñas. Buscan la verdad y esperan que se cumplan las promesas, porque ellos nunca se retractarán de las suyas.

A no ser que tenga una buena razón para romper el código de conducta que has establecido con tu hijo, lo mejor es que no lo hagas.

Perderás las ventajas de la confianza y transparencia, y podrá ser muy complicado recuperarlas, recuerda que los rencores son permanentes con Escorpio, y eso puede representar topes en la relación posteriormente.

. . .

Como hombres jóvenes, son tan atractivos para los demás como la chica Escorpio, y las charlas sobre responsabilidad sexual y afectiva, de lo contrario pueden ver a sus parejas como simples trofeos en lugar de seres humanos con sentimientos y dignos de respeto. No te contengas en estas pláticas, sé directo y cuestiona algunas de las creencias erróneas que puedan tener. Recuerda que la honestidad es importante para el joven escorpio, así que si te equivocaste en el pasado permite que lo sepa, no pretendas haber sido un adolescente perfecto en tu tiempo, porque podrán ver a través de tu engaño y perderán el respeto que te tienen como autoridad.

El signo del escorpión es gobernado por Marte y Plutón, por lo cual la agresividad a veces puede ser sutil dependiendo de varios factores, y como hemos mencionado antes los niños escorpio naturalmente son capaces de controlar y dominar a los padres si estos no se encuentran pendientes de sus actitudes problemáticas. Al mismo tiempo son observadores e intuitivos, y son muy reservados a pesar de ser altamente emocionales.

Aquí hay un par de cosas que debes saber si estás a punto de criar a un escorpio:

El bebé Escorpio

. . .

Un bebé Escorpio es extremadamente sensible, exigente y de voluntad fuerte. Necesitan mucha atención, y si no se les da la atención que desean, lloran a todo pulmón hasta que obtienen lo que quieren. A menudo, parecen estar llorando sin ninguna razón aparente más allá de para obtener atención. Incluso cuando son bebés, aman la música y pueden ser apaciguados con un móvil musical sobre su cuna. Sin embargo, lo que más quieren es la presencia relajante de mamá o papá.

El Escorpio infante

Los padres de un niño Escorpio pueden esperar tener un niño inteligente, apasionado, intenso, tenaz y, a menudo, posesivo y vengativo. Los niños escorpio se pueden definir por sus extremos emocionales, los padres pueden esperar que su hijo se despierte feliz o se despierte triste y mantenga obstinadamente ese estado de ánimo durante todo el día.

Un niño Escorpio

Infantes de 2 a 4 cuatro años, unas de las edades más terribles para un niño según las malas lenguas, pueden llegar a ser un desafío para los padres de un niño Escorpio. Este es un niño cuya palabra favorita podría llegar a ser "mío". Los niños pequeños de Escorpio tienen un fuerte instinto protector y no les gusta compartir a sus padres o sus juguetes.

Los padres pueden esperar que la vida con un niño escorpio de voluntad fuerte esté llena de muchas discusiones casuales para lograr hacer que su hijo permita que otros niños jueguen con sus juguetes. Estos niños posesivos también pueden ponerse celosos cuando sus padres prestan atención a otros hermanos. Esta puede ser la primera demostración para un padre de qué tan celoso, tenaz y posesivo es realmente su hijo Escorpio. La infancia es el momento perfecto para ser consistente, tranquilo y comenzar a enseñarle a un niño Escorpio sobre compartir y dar. Aquí hay otras cualidades que debes de satisfacer en tu infante Escorpio para asegurar que su crecimiento sea sano y plano y que pueda estar preparado para los contratiempos que le interpondrá la vida:

- **Los niños Escorpio necesitan un vínculo emocional profundo**: La naturaleza intensa de sus emociones los hace anhelar una conexión emocional profunda con sus padres. Debido a este rasgo natural, necesitan tener un enfoque práctico con su hijo. Desde el nacimiento, los niños escorpio se benefician de las demostraciones de afecto físico de los padres. Más que otros niños, un niño Escorpio necesita sentir lo especial que es y lo mucho que es amado. Los niños escorpio pueden parecer difíciles de mantener o satisfacer, pero una vez que están seguros del amor y el apoyo de sus padres, están en camino de convertirse en niños brillantes y felices.

- **Los niños de Escorpio son introvertidos**: Los niños escorpio tienen personalidades magnéticas y atraen amigos. Aun así, tienden a ser introvertidos, por lo que los padres no deben preocuparse si prefieren jugar solos durante horas o tener solo un amigo o hermano favorito. También pueden ser un poco descorteses e indiferentes a los extraños. Es posible que los padres tengan que enseñarles a ser más considerados con los sentimientos de los demás.
- **Los niños de Escorpio son reservados**: Como mencionábamos anteriormente, los niños Escorpio prefieren mantener sus sentimientos y muchos miedos e inseguridades ocultos en su interior. Los padres deben prestar atención a su hijo cuando está excesivamente tranquilo o le está dando el tratamiento silencioso. Este es el momento de sentarse con él y alentarlo amorosamente para que te diga lo que está pasando. Si el niño Escorpio es mayor, los padres podrían tener

que hacer un seguimiento de lo que están haciendo sin ser intrusivos. La línea entre el apoyo y la imposición es muy fina, pero en ocasiones tu hijo te expresará justamente lo que necesita, así que debes prestar mucha atención.

- Los niños de Escorpio son entrometidos: Este signo revisa cuidadosamente todo lo que los rodea y pueden hacer esto sin aparentarlo. Les encanta el misterio, y cualquier cosa oculta (y prohibida) es muy intrigante para ellos. Es posible que un padre no pueda contener su curiosidad sobre las cosas que están fuera de los límites o son consideradas como tabú. Lo peor que puedes hacer es intentar ocultarlo aún más o prohibírselo, porque solo lo volverás más interesante. En su lugar, hazle saber que estás dispuesto a responder sus preguntas con respecto a esos temas (en la medida de lo que puedas) y que no lo juzgarás por ellas.
- **Un Escorpio es un hijo de extremos:** Este concepto se ha mencionado bastante a lo largo del libro, con Escorpio es todo o nada, y un niño no es la excepción: puede amar y odiar hasta el extremo, incluso sin importar que tan fuertes sean los lazos familiares. Pueden estar meditando un día y sonriendo irresistiblemente al siguiente. Cuando les gusta alguien, lo dan todo, pero si un niño Escorpio

tiene una pelea con un amigo, no querrán volver a tener nada que ver con ellos. No hacen nada a medias. Del mismo modo, al jugar un juego o resolver un rompecabezas, invierten todos sus recursos en la experiencia y no esperan menos de sus compañeros de juego. Un niño Escorpio establece altas expectativas para sí mismo y para aquellos que le importan y a menudo son difíciles de complacer.

- **Un niño Escorpio puede ser vengativo**: Los Escorpio pueden ser vengativos. Lastimarlos, traicionarlos, o mentirles pueden traer consecuencias graves. Este potencial de venganza se ve incluso en los niños de Escorpio. Es probable que los padres se sorprendan al descubrir hasta dónde llegará su hijo para reciprocarle a alguien que los haya lastimado. La mejor manera para que un padre modere la naturaleza vengativa de un niño nacido bajo este signo es ayudarlos a aprender a perdonar. Si bien es posible que un padre nunca pueda hacer que un niño Escorpio ignore por completo este aspecto más oscuro de su naturaleza, con paciencia, es posible que pueda aprender y aceptar que todos cometen errores.
- **Los niños Escorpio pueden leer a las personas**: La mayoría de los niños de Escorpio tienen facultades mentales agudas

que se revelan en fases tempranas de su vida. Tienen una sorprendente capacidad para leer a las personas. Un niño Escorpio es un poco psíquico y tiene la capacidad de mirar directamente al corazón de los individuos que lo rodean en busca de la verdad. Por lo tanto, los padres deben recordar siempre hablarles honestamente, porque tan pronto como sientan que les estás mintiendo, puede pasar mucho tiempo antes de que puedas recuperar su confianza.

- **Los niños Escorpio deben ser tomados en serio:** No hay nada superficial o ingenuo en un niño Escorpio, y deben ser tomados en serio. Esto no significa que deben ser tratados como adultos, pero tampoco que debes asumir que su supuesta inocencia los vuelve ignorantes a ciertos temas. Los padres deben hablar con ellos abiertamente, responder a sus preguntas y compartir lo que pasa por sus cabezas. También deben preguntarle a su hijo sobre sus sueños y aspiraciones, y escuchar atentamente lo que dicen. Un niño Escorpio puede sentirse abandonado si los padres no escuchan y solo ofrecen una conversación superficial.

- **Los niños Escorpio son competitivos**: Los niños de Escorpio son altamente competitivos y juegan para ganar. Quieren ser los mejores en todo lo que hacen y también quieren que sus padres estén presentes, los animen, y los apoyen cuando compitan. Esto se traduce en cada aspecto de su vida, incluso en áreas que no son tradicionalmente competitivas, así que presta atención por señales ambición en las actividades de tu hijo y ayúdalo a salir adelante prestándole las herramientas que necesita para hacerlo

- **Los niños Escorpio son creativos**: Una actividad creativa como la música, el arte, la escritura, la fotografía, o incluso la jardinería, puede ser una forma de mejora emocional para un niño Escorpio que pueda sentirse abrumado por sus propios sentimientos. Muchos niños tienen suficiente talento innato y no necesitan lecciones formales para tocar un instrumento, dibujar, o pintar. Los padres sólo necesitan apoyar y fomentar sus habilidades naturales.
- **Los niños Escorpio necesitan disciplina**: Los niños escorpio son increíblemente fuertes. Criar a un niño así requiere un delicado equilibrio de disciplina y comprensión. Un padre no puede ser dictatorial, el joven escorpión aprenderá que la persona en el poder no tiene margen de error. Por otro lado, si un padre sucumbe a la poderosa voluntad y manipulación de un niño Escorpio, su hijo aprenderá a usar estas técnicas en su vida diaria para conseguir lo

que quiere. La mejor manera para que un padre trate con su hijo Escorpio es ser incondicionalmente amoroso y firme con las reglas establecidas para todos los demás miembros de la familia. Recuerda predicar con el ejemplo, si le has impuesto una regla a tu hijo lo más probable es que también tengas que seguirla.

Desde el principio, los padres notarán las fuertes emociones en su hijo Escorpio. Esta es la forma principal en que un niño Escorpio explora el mundo.

A diferencia de los otros signos de agua, Cáncer y Piscis, la intensidad emocional de Escorpio también puede dominarlos a ellos y a sus padres. La mejor manera de lidiar con esto es permitir que un niño Escorpio experimente toda la gama de sus emociones y alentarlo a hablar sobre sus sentimientos. El consejo más esencial para los padres de un niño Escorpio es enseñarles desde el principio, con el ejemplo, los beneficios de la comunicación abierta.

6

Escorpio en el amor

Una relación con el escorpión del zodíaco será diferente a cualquier otra relación que hayas tenido antes. Después de que una persona le pone los ojos encima a un Escorpio se siente inmediatamente atraído por su intensidad. Son apasionados, inteligentes y audaces. Una vez que alguien haya captado su atención, harán todo lo posible para hacerlo suyo. Pero como cualquiera que haya salido con un Escorpio sabe, no son exactamente libros abiertos. De hecho, los Escorpio son notoriamente reservados y misteriosos. Incluso si crees que las cosas van bien, nunca lo sabes con certeza, a no ser que tengas la valentía suficiente como para preguntarles.

Escorpio persigue el amor con intensidad y persistencia, es necesario que haya una conexión profunda, emocional, y magnética para que se enamoren.

Pero una vez que llegan a ese punto, Escorpio, al ser un signo de agua fijo, tiende a permanecer enamorado y con la voluntad de permanecer al lado de su pareja por mucho tiempo. Sobre todo cuando tienen la sensación de que la persona con la que están es su "alma gemela". El poder de Marte, su planeta gobernante, es pasional, lo que ayudará a que el amor siempre permanezca vivo dentro de ellos.

Enamorarse puede ser un camino complicado tanto para el Escorpio como para su pareja. Pueden pasar por períodos donde su necesidad de apego se encuentra al máximo solo para comportarse distantes poco tiempo después, dejando a sus parejas bastante perplejas y un tanto heridas. Algunos Escorpio también son propensos a problemas de abandono y pueden poner a prueba a su pareja para ver cómo reaccionan a su comportamiento estar y no estar.

Dicho esto, puede tomar algún tiempo para que Escorpio se enamore, sus romances son de lento ardor, y un solo error puede tirar todos los esfuerzos iniciales por la borda.

Una vez que has pasado sus pruebas emocionales y te has ganado su confianza, es más fácil para ellos enamorarse de ti.

Recuerda que el escorpio valora a la manada, a aquellos con quien puede ser sí mismo sin miedo a ser juzgado o rechazado, así que tienen que asegurarse primero que nada que puedes formar parte de este grupo selecto de confidentes antes de mostrarse vulnerables.

Aunque pueda parecer que a los Escorpio les gusta jugar juegos mentales, en realidad es solo su forma de eliminar a las personas que son erróneas para ellos. Además, los Escorpio necesitan una pareja emocionalmente fuerte para manejar la intensidad de su relación. Los Escorpio no son un signo superficial, así que si quieres conservar su atención, tendrás que estar dispuesto a profundizar, y no solamente en ellos, sino también en ti. La única relación que realmente los dejará satisfechos será una que pueda llenarlos en cuerpo y alma y sin lugar para las dudas.

Lo más importante es ser paciente con ellos. Aunque los Escorpio sienten todo profundamente, les toma tiempo abrirse, no te demostrarán las partes más complejas de sí mismos hasta que tengan por seguro que no te aprovecharás de su vulnerabilidad. Escorpio no cambiará su ritmo, así que si el romance lento no es algo con lo que puedas lidiar, lo mejor será que busques el amor en otro lado, porque seguramente Escorpio no es para ti.

. . .

Al ser un signo de agua Escorpio tiene influencia de ella en cómo se acerca y ve el amor:

1. Siente el amor profundamente
2. Sé introspectivo
3. Ser impulsado emocionalmente

También recuerda que su naturaleza de signo fijo repercute en su comportamiento. Los signos fijos son los menos móviles de las cuadruplicidades. La energía fija es profunda, se aferra y no se rinde. Es una cualidad adorable y valiosa cuando se trata de compartir una vida, pero puede ser un tanto agotadora cuando apenas se está formando una pareja, ya que Escorpio se vuelve profundo, introspectivo y terco. Si Escorpio fuera un signo de tierra, la energía terrestre combinada con la cuadruplicación fija se traduciría en un individuo muy estable pero obstinado. Sin embargo, Escorpio es agua, y cuando el agua es profunda y no fluye, puede conducir al estancamiento, la obsesión y las emociones profundamente ocultas.

Por lo tanto, cuando los Escorpio se enamoran, esa naturaleza fija significa:

1. Sienten el amor hasta la médula.

2. Quieren controlar y convertirse en uno con su amada o amado.
3. Quieren sentir todos los placeres y todo el dolor del amor.
4. Quieren sumergirse y perderse en ese amor, ahogarse en él, y ser transformados por él.

Como puedes imaginar, las influencias del elemento agua y la cuadruplicación fija se combinan para hacer que la mayoría de los Escorpio sean amantes muy intensos, apasionados, y posesivos, pero también ferozmente leales y protectores.

Cuando examinas el comportamiento amoroso de Escorpio, es fácil ver por qué este signo casi domina muchas de las artes creativas, existen muchos artistas famosos y exitosos en las ramas de la música, la poesía, y el arte plástico expresivo. Un Escorpio está totalmente invertido en su pareja, la experiencia del amor, y las buenas y malas sensaciones que acompañan a un romance. Un Escorpio dominante que a menudo ve el amor en blanco y negro, puede volverse obsesivo y puede dedicar cada momento íntimo a examinar los recuerdos que se han ido generando e incluso podrían llegar a registrar su experiencia en un libro o en una canción.

Esta es la razón por la que muchos Escorpio están asociados con la poesía, la literatura, la música y las artes.

Es catártico para ellos exponer y explorar las profundidades y los extremos de su comportamiento romántico emocionalmente intenso, erótico y, a veces, oscuro a través de una forma de arte creativa.

Sin embargo, también es importante que tengas cuidado con los sentimientos negativos de un Escorpio, como los celos y la posesividad. Un signo que experimenta el amor tan profundamente también siente la traición de la misma manera. Los Escorpio son celosos, a veces al grado de causar destrucción. Después de todo, cada emoción que sienten se ve reforzada por su naturaleza fija e impulsada por el agua. Los celos no son diferentes. Los celos de un Escorpio pueden conducir a actos de venganza y una naturaleza completamente implacable. Una vez rechazado, un Escorpio se siente ultrajado y arruinado.

Carecen de la solidez de los signos de tierra, la racionalidad de los signos de aire, y el optimismo de los signos de fuego. Los Escorpio dominantes en las listas se rigen por sus emociones y reaccionarán desde lo más profundo de sus extremos emocionales.

Claro está que este es solo una faceta de los Escorpios que puede, o no, que te encuentres, pero hay mucho más detrás de lo que los motiva, y algo digno de mencionar es la ferocidad con la que se apegan a sus compromisos y promesas, su lealtad es realmente incuestionable.

Cualquier relación amorosa con un Escorpio está destinada a ser complicada y rodeada por situaciones de extremos.

Pueden estar de mal humor sin razón aparente y son conocidos por su posesividad y celos, pero si están seriamente comprometidos con una relación, son responsables y siempre permanecerán estables y honestos a través de cualquier altibajo que pueda presentarse en la relación.

Los Escorpio son extremadamente confiables, protectores, leales y fieles, y más aún si reciben lo mismo de su pareja.

Un Escorpio está todo dentro o todo fuera, y es más probable que simplemente se alejen por completo o terminen la relación (para nunca más volver) que a que se embarquen en una aventura deshonesta con alguien más.

Los Escorpio enamorados quieren experimentar los puntos más altos y bajos del amor, sus problemas, y la experiencia emocional y física total, y esto hace que se comporten de algunas maneras que resultan difíciles de comprender para otros signos, sobre todo si es su primera vez saliendo con un escorpión. Recuerda que la perspectiva de Escorpio es única y llena de misterios,

Algunos de los comportamientos positivos que pueden demostrar son:

1. Ingenioso, honesto y protector
2. Fiel, constante y duradero
3. Apasionado y desenfrenado en el dormitorio
4. Comportamientos desafiantes

Por otro lado, pueden comportarse de maneras que son:

1. Frío, reservado y desconfiado
2. Controlador, posesivo y obsesivo
3. Vengativo e hiriente

Quizás su comportamiento más misterioso es que si la relación se ha vuelto demasiado tranquila, cómoda y amorosa, se comportarán de maneras que provocarán problemas.

Escorpio y su compatibilidad con otros signos

Escorpio y Aries: Cuando dos signos gobernados por Marte se juntan, puedes contar con tres cosas: pasión, temperamentos explosivos y sexo. Cuando el ardiente Aries se encuentra con el complejo Escorpio, es como el fuego que se encuentra con la gasolina. La atracción inicial es fuerte con el calor y la intensidad de su química sexual, sin embargo, rápidamente se darán cuenta de sus diferencias en su temperamento que representarán un obstáculo en la relación. Estos signos de voluntad fuerte deben tener el control de todo, incluida su pareja, y esta batalla por el control absoluto puede ser más destructiva que beneficiosa. Gobernados por el planeta guerrero, Marte, sus estilos de lucha difieren. Aries es combativo y argumentativo, mientras que Escorpio es intrigante y vengativo. Si bien a ambos les encanta una buena discusión, tienden a llevar las cosas un demasiado lejos.

Aparte de la gran química sexual, a estos signos les encanta jugar al gato y al ratón entre sí. Aries disfruta de la emoción de la persecución y el misterioso Escorpio puede satisfacer esta necesidad y mantenerlos con deseo de más. Escorpio es un misterio, pero Aries anhela resolverlo, impulsado por su naturaleza de triunfo.

Mientras tanto, el obsesivo Escorpio querrá averiguar todo sobre Aries: buscarlos en las redes sociales, preguntar a los amigos, las obras. Nunca se aburrirán mientras intentan desenredar los misterios del otro.

. . .

Esta es, posiblemente, la mayor fortaleza de esta pareja. Su química sexual está por las nubes. Ambos signos son físicos, enérgicos y apasionados, lo que los convierte en una combinación perfecta cuando se trata de hacer el amor. Aries es un amante imaginativo que disfruta experimentando en el dormitorio. Y esto encaja perfectamente con la seducción magnética de Escorpio. Incluso si la relación es un desastre, esta pareja encontrará suficiente motivación para seguir junta en la gran satisfacción que se proporcionan mutuamente durante la intimidad.

Fuera del dormitorio, la pareja se desmorona, y en el peor de los casos se destruye mutuamente. Ambos signos son fanáticos del control y tratarán de dominar al otro mediante la fuerza. Aries usa la agresión y Escorpio usa la agresión pasiva, y estos estilos son excluyentes por sí mismos, lo cual generará más tensión que soluciones.

Aries no acepta órdenes y Escorpio nunca retrocede, las discusiones con frecuencia no llegan a ninguna parte.

Aries es amante de la libertad, extrovertido, y coqueto, lo que causa problemas con el posesivo y celoso Escorpio.

Motivado por la obsesión, Escorpio puede tratar de seguir a Aries en sus muchas actividades en secreto solo para ver lo que está haciendo realmente. Abierto e impulsivo, Aries se frustra con la naturaleza secreta y melancólica de Escorpio. Eventualmente, los celos de Escorpio se vuelven inmanejables para Aries, y terminará por alejarse.

Este dúo necesita seriamente trabajar en sus habilidades de comunicación y tratar de comprometerse. Escorpio tiene que decirle a Aries cómo se sienten en lugar de hacerles adivinar y Aries necesita darle a Escorpio más seguridad de que no lo traicionará, la honestidad puede ser difícil para el signo de fuego, pero con esfuerzo y autocontrol pueden mantener sus temperamentos calmados, y si logran hacerlo tendrán una relación dinámica donde nunca se aburrirán.

<u>Escorpio y Tauro</u>: Es cierto que los opuestos se atraen, y Escorpio y Tauro son una de las pruebas vivientes de ello. Están separados por seis signos, lo que los hace opuestos entre sí, pero estos dos en realidad tienen mucho en común. Ambos son cuerpos hogareños que valoran profundamente su privacidad.

Es posible que muchos de sus amigos y familiares no sepan sobre la relación durante años, si es que lo hacen.

Aman en secreto, pero aman profundamente. Como signos fijos, son confiables y estables, pero cuidado: los celos, la obsesión, y la terquedad son los más grandes enemigos de esta relación y podrían fácilmente la llama del amor.

Tauro y Escorpio son decididos, ambiciosos, y prefieren quedarse en casa en lugar de salir. Su hogar es un oasis sagrado, escondido del mundo para que puedan ser libres de ser ellos mismos. Escorpio trae la seguridad que calma el miedo de Tauro a ser abandonado, mientras que Tauro crea un espacio seguro para que Escorpio pueda sentirse libre de ser vulnerable. Escorpio energético motivará al tauro que en ocasiones puede ser un tanto perezoso.

Tauro puede equilibrar el mal humor de Escorpio con su naturaleza tranquila. Las finanzas no son un problema aquí, ya que ambos son buenos con el dinero. Ambos disfrutan profundamente de la cocina y la música, por lo que las noches de citas suelen ser en casa, escuchando música mientras comen algo preparado por ellos mismos.

Escorpio, uno de los signos más intensos y seductores.

Tauro es un amante devoto con resistencia que puede pasar toda la noche en acción sin cansarse. Hay una intensidad tangible durante la intimidad que puede rayar en lo obsesivo si no tienen cuidado. El sexo puede convertirse en una lucha de poder gracias a su naturaleza terca y obstinada, pero si logran tenerlo bajo control podrán disfrutar de una vida íntima apasionada y satisfactoria.

Los periodos malos también son intensos, y pueden llegar a ser duraderos si ambos se rehúsan a ceder. Las peleas toman un giro desagradable, ya que ambos lados son tan tercos que, si se encuentran con desacuerdo, ninguno se comprometerá, y, con miedo de perder la discusión, tratará de controlar al otro. Esto no es saludable. Ambos son vengativos, por lo que si se sienten heridos por su pareja, es una situación de ojo por ojo, y la guerra puede extenderse aun cuando la relación ya haya terminado.

Irónicamente, ya que ambos son tan fieles, los celos también son un problema aquí. La posesividad de Tauro y la tendencia a lo obsesivo de Escorpio es una combinación mortal, ya que cada uno trata de atrapar al otro engañando o haciendo algo incorrecto.

Estas pequeñas muestras de desconfianza eventualmente terminan por cansar a Tauro, quien eventualmente priorizará su bienestar antes de continuar con una relación que no le brinda lo que está buscando.

El vínculo de esta pareja puede ser increíblemente fuerte, siempre y cuando haya reglas claras sobre la confianza y los límites. Es importante que cada individuo encuentre tiempo para sí mismo, de esta forma su pareja no se convertirá en todo su mundo y tendrán la oportunidad de descansar uno del otro, recargar baterías, y continuar dando lo mejor de sí en la relación.

Escorpio y Géminis: En cualquier tipo de relación que involucre a estos dos signos, ya sea amistad, romántica, o de negocios, Géminis y Escorpio tienen el don de la curiosidad. Géminis se siente intrigado por la necesidad de Escorpio de conservar su privacidad. Escorpio es selectivo con sus círculos y tienen altos estándares de entrada para permitir que alguien nuevo se incorpore a su vida en un nivel íntimo, sin importar si es una pareja o una amistad. Para Géminis, este es un desafío que aceptarán de buena gana y con entusiasmo. Su naturaleza curiosa buscará atravesar esta firme barrera para reafirmar su encanto natural y capacidad social incrementada de la cual tanto se enorgullece.

Querrán profundizar y demostrar que son dignos de ver lo que Escorpio está ocultando a los demás.

Escorpio puede ver inicialmente a Géminis como alguien cuya naturaleza no encaja del todo con la suya. No entenderá de inmediato por qué alguien necesita hablar con desconocidos o compartir detalles íntimos de sus vidas con completos extraños. Para Escorpio, la naturaleza misma de los secretos es que no están destinados a ser compartidos, son parte de un sistema de intimidad, y la intimidad es algo que se gana, nunca se da fácilmente ni por sentado, pero con el tiempo y una menta abierta a otras perspectivas, Escorpio verá la destreza social de Géminis como algo admirable. De hecho, puede ser algo de lo que puedan aprender y mejorar en sí mismos. Los inspirará a dejar ir algunas de sus ataduras e introducir más espontaneidad en sus vidas. A medida que navegan por este terreno desconocido, ambos serán llamados a permanecer de mente abierta y aceptar a alguien que no es como ellos.

En el amor, Escorpio es decidido y apasionado. Anhelan la intimidad del alma y, debido a su naturaleza fija, permanecerán enfocados en la persona con la que están. "Enfoque" no es exactamente una palabra clave de Géminis. Su calidad de aire mutable quiere mantener las cosas ligeras y divertidas.

Ven las relaciones y las conversaciones como fluidas y no quieren que las cosas se sientan demasiado pesadas o serias muy pronto. Esto no siempre tendrá una buena cohesión con la intensidad y la necesidad de asegurarse de que sus sentimientos son correspondidos por Escorpio.

. . .

Los celos pueden comenzar a aumentar a medida que Géminis permite la entrada sin ton ni son de nuevos individuos al grupo que Escorpio protegió por tanto tiempo.

Escorpio prefiere confidentes muy cercanos aunque sean pocos. Géminis anhela la espontaneidad y la aventura, con suficiente espacio para cambiar de opinión y libertad para reorganizar sus planes. Mientras tanto, Escorpio se dedica a hacer un plan y mantener sus compromisos a como dé lugar.

Esta es una relación puede proporcionar mucha intimidad, si ambas partes son capaces de otorgarle a la otra el espacio suficiente para ser quienes son. El punto medio es un lugar importante para la pareja de Géminis y Escorpio, y encontrarlo es una tarea que tendrán que llevar a cabo juntos. Para Géminis, esto significa entender que Escorpio solo se siente cómodo compartiendo después de un largo período de conocer al individuo.

Para Escorpio, significa dejar que se dispersen sus sospechas y aceptar que Géminis tiene una necesidad genuina de conectarse con las personas y saber más de ellas, y esto no significa que esté buscando tener una aventura o reemplazar la conexión que tiene con Escorpio.

. . .

Al ser comprensivos con las necesidades y prioridades del otro, pueden lograr el equilibrio perfecto entre la cabeza y el corazón. Ambos tienen la necesidad de descubrir la verdad sobre otras personas y recolectar tanta información como les sea posible.

Escorpio y Cáncer: Si el amor a primera vista realmente existe lo más seguro es que lleve nombre, y ese es Cáncer y Escorpio. Para ellos, no se necesitan palabras para describir cómo se sienten el uno por el otro, lo cual es algo bueno, porque la comunicación verbal no siempre es la más cómoda para dos signos de agua. Estos signos del zodiaco se sienten mucho más cómodos con sentimientos tan agobiantes que son difíciles de compartir, pero que con certeza significan un amor y apego eterno. Como dos románticos empedernidos, ni siquiera creen que las palabras puedan describir la profundidad y la fuerza de su vínculo emocional.

La naturaleza fija de Escorpio le da a Cáncer la seguridad y estabilidad que ha buscado durante toda su vida. Si bien puede llevarles algún tiempo comprometerse o aceptar a otras personas en su círculo, una vez que un Escorpio abre su corazón a alguien, su lealtad durará toda la vida. Afortunadamente para Cáncer, es mucho más sencillo que se le conceda la llave de la caja fuerte que es el corazón de escorpio mucho más fácilmente que a otros signos.

. . .

La energía cardinal de Cáncer parece fuerte y poderosa para Escorpio. Estas dos cualidades son las más admiradas por el escorpión, ya que son gobernadas por Marte y Plutón. La combinación de estas energías planetarias con las cualidades lunares de la luna es el matrimonio perfecto de deseo sexual apasionado, orientado a la acción, con sentimientos leales y amorosos combinados. De hecho, sus noches juntos prometen ser intensas y transformadoras para la pareja, inspirándolos a profundizar su compromiso mutuo.

Además, como ambos desean una verdadera intimidad con su pareja, Escorpio ve a Cáncer como alguien cuyo coraje está fuera de lo común. Ser vulnerable no es tarea fácil. Escorpio honra esa valentía con feroz lealtad.

Donde esta pareja celestial puede tener problemas es en el hecho de que Cáncer y Escorpio tienen una tendencia a inclinarse hacia los celos y la posesividad. Ambos son sensibles a las traiciones, ya sean reales o imaginarias, y pueden experimentar heridas profundas en su corazón y mente si sienten que su ser amado se ha enamorado de otra persona.

. . .

Mientras ambas partes trabajen en su autoconfianza, esta es una pareja que está diseñada para recorrer la distancia que sea necesaria, hasta la muerte si así lo desean. Si ambas personas pueden guardar sus exteriores duros para el mundo exterior y dejaran que el otro entrara en su lado suave, el futuro de esta pareja está escrito en las estrellas.

Escorpio y Leo: Toma la definición convencional de "pareja perfecta" e inviértela por completo, eso es lo que obtienes cuando mezclas a estos dos seres. Ambos signos son individuos que nacieron para atraer mucha atención.

Cada uno de ellos tiene su propio sentido único del estilo y niveles envidiables de autodeterminación, fuerza y asertividad. Sin embargo, donde difieren es que Leo y Escorpio tienen formas completamente diferentes de expresar su vitalidad natural y su volatilidad.

Debido a que ambos signos a menudo pueden sentirse el centro de atención, y no de una forma positiva, ambos albergarán sentimientos de ser incomprendidos. Si bien cada uno maneja la soledad de manera diferente, esos incómodos sentimientos de aislamiento pueden ser lo que inicialmente los una, pero no lo que los mantenga juntos a largo plazo.

. . .

Leo, gobernado por el sol, se siente mucho más cómodo a la vista del público, su poder lo manifiesta hacia afuera en dirección a quienes lo rodean. Tienen creencias fuertemente firmes y un punto de vista distinto, y su lealtad se traduce en la necesidad de servir a otros, sin embargo, estas cualidades juntas pueden a veces parecer pedantes o burlonas, y cuando los esfuerzos de Leo no sean valorados o sean incomprendidos puede salir muy herido.

Los Escorpio, gobernados por Marte, expresan su voluntad a través de maniobras mucho más sutiles y discretas. Saben cómo salirse con la suya, pero no sienten que ser directo y descarado al respecto sea inteligente o estratégico. Para Escorpio, no hay diversión en ser demasiado obvio. La osadía de Leo es suficiente para llegar a donde la gran mayoría de los signos teme, puesto a que la mirada imponente y penetrante de escorpio no es necesariamente la más abrazadora.

Debido a que Leo y Escorpio forman un cuadrado tenso en la rueda del zodiaco, se notarán mutuamente al instante. Ambos despertarán sentimientos profundos y posiblemente incluso incómodos el uno por el otro, pero con el corazón gentil de y la capacidad de Escorpio para ver las intenciones sinceras de las personas, estos dos pueden dejar de lado sus diferencias externas y conectarse en un nivel más honesto, que eventualmente formará una base sólida para una pareja.

. . .

Sin embargo, notarás que el control y el poder es un tema recurrente con los escorpios en su vida romántica, y Leo no es la excepción, puede haber luchas de poder continuas a lo largo de la relación, con cada uno tratando de arrebatarle el control al otro. Eventualmente llevará a un choque de sus egos obstinados, algo que los representa ampliamente en la comunidad zodiacal, pero como muchos conflictos, si esta pareja puede aprender a canalizar esa energía en su vida íntima terminarán con una combinación emocionante y divertida.

Al ser ambos signos fijos no tienen de que preocuparse por la volatilidad en la relación, mientras pongan el esfuerzo para hacerse felices mutuamente, su naturaleza leal los mantendrá juntos por un largo tiempo.

Si estos dos pueden aprender a apreciar sus diferencias y combinar las fortalezas del otro para llegar a cualquier objetivo que deseen alcanzar, Leo y Escorpio pueden convertirse en una gran fuerza digna de ser admirada.

Esta es una combinación romántica que debe de tenerse en cuenta. Si los conflictos llegan a ser demasiado graves como para que ambos los manejen, esta es una pareja que puede cambiar su perspectiva y comprenderse como un equipo en lugar de competidores en busca de tener la razón.

Escorpio y Virgo: Virgo y Escorpio tienen una fuerte conexión kármica. Hay lazos muy fuertes entre esta pareja, y la intensa lealtad mutua simplemente lo fortalece. Estos dos pueden estar extremadamente cómodos en la compañía del otro, excluyendo al resto del mundo y disfrutando de su presencia solo ellos dos por horas o incluso días. Ambos están en una relación a largo plazo, por lo que puede ser una pareja que durará mucho tiempo sin mucho esfuerzo.

Virgo está gobernado por Mercurio que se mueve rápidamente, lo que los convierte en buenos comunicadores llenos de lógica y razón.

Escorpio está cogobernado por el poderoso Marte y el transformacional Plutón, por lo que las interacciones verbales (y no verbales) entre ellos pueden ser extremadamente intensas. Virgo es lento para tomar decisiones, contemplando cada pequeño detalle antes de decidirse, y el escorpio comúnmente cauteloso y dudoso también está de acuerdo con esta estrategia. Como pareja, tienden a tomarse su tiempo para tomar decisiones importantes a largo plazo, lo que fortalece su relación y genera bases de comprensión y comunicación.

. . .

Virgo es un signo de tierra, gobernado por la lógica.

Escorpio es un signo de agua, gobernado por sus emociones. Por lo tanto, a primera vista, su relación puede verse como inestable. Ven las cosas desde dos perspectivas muy diferentes, pero su necesidad de seguridad emocional es lo que los une. Cuando se topa por primera vez con cualquier tipo de problema, Virgo reacciona analizando la situación, usando su sentido común, y buscando la mejor manera para salir del aprieto en el que se encuentra utilizando todos los recursos que tenga a su disposición.

Escorpio, por otro lado, tiende a reaccionar emocionalmente, y quiere mirar más allá de la superficie para encontrar la solución a los problemas.

Lo que ves no siempre es lo que obtienes, que es una lección que Escorpio puede enseñarle a Virgo, quien tiende a ser práctico por sobre todas las cosas. A cambio, Virgo puede mostrarle a Escorpio que a veces las cosas son, en realidad, mucho menos complicadas de lo que parecen. Si parece un pato y grazna como un pato, ¡a veces es solo un pato!

Virgo es un signo mutable, lo que significa que se adaptan fácilmente a diferentes situaciones y escenarios. Como signo fijo, Escorpio tiene más dificultades para adaptarse al cambio, pero funcionan bien juntos cuando tienen un objetivo común. Cuando su amor está en juego, ambas partes se unen para discutir una forma en la que puedan encontrar un punto medio, la apertura de Virgo permite que Escorpio no se encuentre a la defensiva y la comunicación fluya mucho mejor. La agresividad pasiva de Escorpio puede ser desconcertante para Virgo, que realmente solo quiere resolver el problema y seguir adelante, así que deberán concentrarse en hablar como adultos, con honestidad y directamente, si es que quieren sobrellevar la relación.

El dinero es un interés común en ambos signos, y tienen muchas formas diferentes de hacerse ricos juntos.

La creación de riqueza puede no ser su objetivo principal, pero vivir cómodamente juntos no debería ser un problema, ya que ambas partes tienden a ser responsables con sus finanzas individuales y fusionadas.

Escorpio y Libra: Cuando Libra y Escorpio se unen, existen ciertas recompensas emocionales que pueden ser muy satisfactorias para cada uno. Escorpio es el pensador profundo de la pareja, pero el optimismo y la búsqueda de equilibrio de Libra ayudan a mantener a Escorpio (y la relación) en el camino hacia pastos más verdes, y Escorpio, con su eterna fuerza de voluntad y determinación, puede ayudar a Libra a mantener el rumbo y alcanzar las estrellas que tanto ha buscado al ayudarlo a establecer planes de vida con metas medibles que le permitan ver su propio crecimiento y desarrollo personal.

Libra y Escorpio tienen intenciones similares cuando se trata de trabajar en equipo, y ambos aportan algunas cualidades útiles pero muy diferentes a la dinámica. Aquí es donde la combinación de emoción y lógica se encuentran y forman un vínculo que es difícil de romper; ambos signos son extremadamente leales, pero están dispuestos a correr riesgos, lo que hace que la relación sea muy interesante y haya muy pocos momentos aburridos.

Libra está gobernada por la hermosa Venus, la diosa del amor, por lo que son expertos en el arte del romance.

Escorpio, al ser cogobernado por el poderoso Marte, tiene fuertes pensamientos sobre el amor y la pasión.

Tienen fuertes impulsos sexuales. Cuando estos tres planetas se retuercen en una relación amorosa, puede haber algunos momentos muy explosivos. Existirán momentos donde la incomprensión surgirá, para eso será mejor que hablen de frente en lugar de permitir que sea llevado a un enfrentamiento, porque en su modo defensivo ambos intentarán controlar al otro, y lejos de solucionar el problema se intensificará.

Libra es un signo de aire, impulsado por la necesidad de ser activo y de mantener siempre las cosas en movimiento. Los signos de aire tienden a querer ir a donde sea que el viento los lleve, lo que puede ser como un soplo de aire fresco para el compañero adecuado. Escorpio es un signo de agua emocional, extremadamente intuitivo, y muy sensible emocionalmente. Incluso pueden parecer necesitados de atención en una connotación negativa.

Cuando estas personalidades polares forman una unión, puede ser intrigante o complicado. A veces, las emociones de Escorpio pueden abrumar a Libra, y la indecisión de Libra puede frustrar a Escorpio. Mientras recuerden que ambos están del mismo lado, pueden mantener la paz en la mayoría de los casos. Escorpio tendrá que encontrar una forma de controlar sus celos, porque la naturaleza coqueta y carismática de Libra no puede ser reprimida, a no ser que quieras alejarlos.

Libra es un signo cardinal, siempre pensando en nuevas ideas. Les gusta ser los primeros en hacer todo en una relación y se enorgullecen de mostrar a su pareja de Escorpio un nuevo lugar o presentarles un nuevo restaurante. Escorpio es un signo fijo, y se alegran de mantener las cosas estables. ¡Escorpio es capaz de tomar las ideas de Libra (a veces desenfocadas) y convertirlas en algo espectacular! Por ejemplo, cuando Libra sueña con un viaje alrededor del mundo, Escorpio se ocupa felizmente de planificar el itinerario detallado.

En el romance, Libra y Escorpio tienen un lado extremadamente encantador y carismático. Se sentirán atraídos el uno por el otro al instante. Libra estará intrigado por la naturaleza secreta de Escorpio, y Escorpio se maravillará de lo abierto que puede ser Libra.

Una vez que estos dos pierden sus inhibiciones en presencia del otro, el romance puede ser emocionante y lleno de aventuras.

Escorpio y Escorpio: Cuando dos Escorpio se juntan, los fuegos artificiales vuelan. Estas son dos personas intensamente apasionadas y misteriosas, y cuando su relación es buena, es muy, muy buena, pero, por otro lado, cuando es mala es mejor tener cuidado, conocen sus fortalezas y debilidades de pies a cabeza, y no dudarán en utilizarlas como un arma contra el otro. También puede haber tendencias destructivas que deberán ser monitoreadas de cerca y, a veces, enfrentadas. La relación puede convertirse rápidamente en una obsesión para ambas partes, con celos y pasión abrumadora que pueden manifestarse negativamente si no se controlan.

Las naturalezas empáticas e intuitivas de Escorpio les permiten conectarse en un nivel emocional profundo. A menudo se sienten físicamente atraídos el uno por el otro al instante. Si bien ambas partes tienen sus lados reservados, cuando la pasión se apodera de ella es casi incontrolable. Si bien la confianza y la lealtad son la base de cualquier relación con un Escorpio, estos dos a menudo se sienten tentados a empezar el aspecto físico de la relación rápidamente. Hay una sensación de que el otro Escorpio inmediatamente los "entiende".

La química rápida e intensa de Escorpio es un gran cambio para ambas partes.

Los Escorpio están cogobernados por Marte y Plutón. El poderoso Marte es agresivo y apasionado, proporcionando a Los Escorpio mucho de su fuego e intensidad. Plutón, por otro lado, se alimenta de poder y transformación. Esto puede hablar de la resiliencia que poseen los Escorpio y la capacidad de recuperarse de casi cualquier cosa. Cuando dos Escorpio combinan la energía de estos planetas intensos, son una fuerza prácticamente imparable. Todo parece ser más intenso cuando estos dos se unen, lo que puede incluir tanto la pasión como el dolor.

. . .

Los Escorpio son signos de agua altamente emocionales, y no hacen nada a medias. Están fuertemente involucrados en sus relaciones románticas desde el principio y esperan lo mismo de sus parejas. La confianza es un elemento extremadamente importante de todas las relaciones de Escorpio. Una vez que se pierde, es casi imposible que su pareja lo recupere. Esto es algo que una pareja Escorpio-Escorpio entiende a nivel mutuo. Trabajarán duro para asegurarse de que este sea un trato respetable, honesto y confiable. Si se rompe la confianza entre estos dos (y su naturaleza secreta puede contribuir a esto) es mejor tener cuidado, porque su naturaleza vengativa puede surgir más rápido de lo que se cree.

Escorpio es un signo fijo, y aunque pueden entretener la idea de tomar riesgos, siempre están calculados. Este signo del zodiaco no es fanático de los cambios abruptos o sorpresas, prefieren sopesar todo y asegurarse de conocer los pros y los contras de cada situación antes de comprometerse. A las parejas de Escorpio les encanta pasar tiempo investigando y aprendiendo cosas nuevas juntos para que puedan tomar una decisión informada y benéfica para ambas partes.

Románticamente, estos dos se sienten atraídos el uno por el otro desde el principio. Esta mezcla caliente y emocionante de química es imposible de resistir para ambas partes. Es probable que ambos experimenten lujuria a primera vista, tal vez por primera vez en su vida. Una vez que se conocen y se unen emocionalmente, la pasión es aún más intensa. Mientras puedan evitar que los celos y la sospecha mezquinos se interpongan en su camino, esta puede ser una unión duradera y extremadamente satisfactoria.

Escorpio y Sagitario: Cuando se trata de amor, estas dos personalidades pueden ser impredecibles. Estas personas son personas muy diferentes, y cuando se juntan puede ser un camino lleno de baches, pero emocionante.

Las cosas pueden moverse bastante rápido con esta pareja, pero si no saben controlar la velocidad, inevitablemente habrá un choque. La clave aquí, al menos al principio, será poner el freno un poco y conocerse mejor antes de dar pasos importantes que pudieran afectarle a largo plazo.

Tanto Escorpio como Sagitario ven el mundo como su propio campo de juego y están dispuestos a tomar ciertos riesgos para conseguir lo que quieren y obtener el éxito.

Sin embargo, Sagitario es mucho más impulsivo y hace las cosas sin pensar, que no es la forma en la que Escorpio gusta de hacer las cosas en absoluto. Las experiencias compartidas definitivamente pueden acercarlos, pero Escorpio es mucho menos flexible cuando se trata de relajarse y tomarse un respiro. Escorpio tiene que poner las cosas en orden antes de que puedan perseguir sus sueños, y Sagitario estará impacientemente mirando con recelo mientras se toman su tiempo para reprogramar citas, empacar y verificar sus extensas listas de tareas pendientes.

Al quedarse cerca de casa, estos dos pueden encontrar mucho que hacer juntos.

A ambos les gusta visitar nuevos lugares, disfrutar de la cocina exótica, y hablar sobre temas filosóficos. Sin embargo, Escorpio es mucho más terco cuando se trata de tener las cosas como las quieren, y Sagitario puede hartarse de esta intensa competitividad y falta de voluntad para ceder.

Escorpio está cogobernado por Marte y Plutón, representando su intensidad y fuerza de voluntad, además de su capacidad para transformarse y regenerarse. Cuando Escorpio tiene su mente puesta en algo, rara vez se rinden, y esta es una cualidad admirable para Sagitario.

Sagitario, gobernado por el tranquilo y afortunado Júpiter, es mucho más despreocupado y optimista por naturaleza. La vida es una búsqueda interminable para él, y su instinto es adaptarse, cambiar y expandirse, en lugar de poner los pies en la tierra y mantenerse firme.

Escorpio es un signo de agua emocional, profundo, y complicado. Lo que ves en la superficie es solo una pequeña porción de lo que obtienes cuando se trata de intensidad, ¿recuerdas la analogía del iceberg? Debes de tenerla en cuenta para todos los aspectos de Escorpio.

Sagitario es un signo de fuego, que tiene una tendencia a llevar su corazón en la manga.

Lo que ves es en gran medida lo que obtienes, y estos dos a menudo tienen dificultades para entender los motivos del otro gracias a esta discrepancia de percepción.

Escorpio es un signo fijo, que explica gran parte de su falta de voluntad (o incapacidad) para adaptarse. A los Escorpio les gustan las cosas de cierta manera y son buenos para formar sus propias pequeñas rutinas que se sienten cómodos siguiendo. Sagitario es mutable, lo que significa que son capaces de adaptarse a nuevas situaciones y cosas con bastante facilidad, y prosperan al hacerlo.

. . .

Escorpio y Capricornio: Cuando un Escorpio y Capricornio se juntan, hay un fuerte vínculo. A ambas personas en esta relación les gusta obtener lo que quieren, sin embargo, ambos valoran al otro como un compañero de equipo extremadamente poderoso. Trabajar juntos para conquistar el mundo está en la lista de tareas pendientes de esta pareja, y muy rara vez establecen una meta que no cumplen.

Puede tomar algún tiempo para que estos dos se adapten el uno al otro, ya que ninguno de los dos es apresurado cuando se trata del área emocional. Escorpio es extremadamente cauteloso y precavido, y Capricornio es práctico y con los pies en la tierra. Se necesita mucho para impresionar a ambos signos. No son fácilmente atontados por el amor. Sin embargo, una vez que se conocen, y forman una confianza y respeto mutuo, comparten una conexión profunda que es difícil de entre ellos para cualquiera. Ambos son signos extremadamente fieles, lo que aumenta su atracción el uno por el otro.

Escorpio está cogobernado por los poderosos planetas Marte y Plutón, quienes siempre fomentan las cualidades transformacionales del signo, lo que les da una mezcla de intensidad, pasión, sexualidad, y regeneración. Capricornio está gobernado por Saturno, siempre trabajador, por lo que son extremadamente ambiciosos, responsables, orientados a los detalles, e intensos a su manera. Cuando estos tres planetas se combinan, su energía es dinámica tanto para las relaciones personales como profesionales.

Escorpio es un signo de agua, regido por sus intensas emociones. Capricornio es un signo de tierra, propenso a escuchar la lógica y el sentido común.

Aunque tienen enfoques muy diferentes de la vida y el amor, son capaces de combinar sus diferencias de una manera que se complementan entre sí. Capricornio ofrece una estabilidad muy necesaria para dominar la profunda intensidad emocional de Escorpio, y Escorpio ofrece una energía emocionante que Capricornio encuentra difícil de resistir.

Escorpio es un signo fijo, que prefiere mantener el estatus qúo en lugar de hacer muchos cambios de último minuto, especialmente para los planes en los que han invertido mucha energía. Como signo cardinal, Capricornio es un líder nato y no le gusta seguir a la multitud. Escorpio está feliz de apoyar las grandes ideas del ingenioso Capricornio y es un excelente apoyo en la ejecución detrás de escena de estos complejos proyectos. Están más que contentos de ver a su compañero Capricornio obtener la gloria mientras se quedan en silencio a su lado (o fuera de la imagen por completo). A su vez, Capricornio presta mucha atención a Escorpio e incorpora muchas de sus ideas en sus propios planes maestros (con permiso suyo, por supuesto). Los Capricornio generalmente respetan y admiran el poder cerebral de su Escorpio y están más que felices de darles crédito donde se debe.

<u>Escorpio y Acuario:</u> Escorpio y Acuario hacen una extraña pareja.

Provienen de dos perspectivas muy diferentes, ya que adoptan diferentes enfoques para la resolución de problemas y tienen diferentes deseos y necesidades emocionales. Escorpio es un pensador profundo, siempre leyendo entre líneas. El Acuario regido por el aire, aunque también es bastante lógico, prefiere no detenerse en las cosas. Los acuarianos son muy sociales y les gusta estar fuera de casa con la gente, mientras que Escorpio prefiere una noche tranquila solo o con un grupo selecto de amigos cercanos. Acuario a menudo se siente limitado por Escorpio, y Escorpio se siente empujado en direcciones en las que no se siente cómodo.

Debido a que tanto Escorpio como Acuario son signos fijos, tienen sus propias opiniones e ideas y a menudo no se retractan o ceden ante el otro. Ambos pueden ser extremadamente tercos, aunque Escorpio guarda rencor mucho más tiempo que Acuario. A Acuario le gusta discutir solo por diversión y el estímulo que obtiene del intercambio de ideas, lo cual es un gran desvío para escorpio quien preferentemente evita las discusiones si puede. Escorpio también es mucho menos propenso a poner sus problemas en las redes sociales, mientras que Acuario piensa poco en ponerlo todo ahí fuera. La privacidad de Escorpio a menudo se siente invadida por las formas aparentemente invasivas de su acuario, y acuario no comprende qué es lo que le molesta tanto a Escorpio. Si son pareja es porque ya están puestos de acuerdo para compartirlo todo, ¿no?

Escorpio está cogobernado por los planetas Marte y Plutón, ambos son poderosos e intensos cuando se trata de combinar pasión y emoción. Acuario está gobernado por el excéntrico Urano, lo que le da una perspectiva poco convencional y orientada al futuro en la vida. Si bien estos tres planetas pueden conectarse armoniosamente bajo las condiciones correctas, a menudo hay una desconexión cuando ambos miembros de la pareja no están seguros de las intenciones del otro. A menudo no hay suficientes puntos en común que emergen de sus planetas gobernantes para unirlos, especialmente cuando se trata de confianza y lealtad.

Escorpio es un signo de agua, por lo que sus emociones los impulsan. Sienten las cosas profundamente y quieren una pareja que se preocupe por ellos y solo por ellos.

. . .

Acuario es un signo de aire, que anhela la libertad emocional. Esta no es una buena combinación para Escorpio, que quiere conocer el cuerpo, el alma, la mente y el espíritu de su pareja. Quieren poseer a su compañero de Acuario por completo, lo cual es una contradicción para la mayoría de los signos de aire.

Si no se les da la libertad que quieren o necesitan para ser ellos mismos, nunca prosperarán como parte de una pareja.

Románticamente, Escorpio es un amante apasionado, pero tiene que ser capaz de confiar en su pareja para poder dejar de lado sus inhibiciones por completo. Sin embargo, tienen una naturaleza de continua sospecha, y su pareja de Acuario no siempre es comunicativa sobre sus actividades. Esto puede interrumpir el flujo de la intimidad. Acuario es inicialmente cautivado por el misterio seductor de Escorpio, sin embargo, es posible que no hagan lo que sea necesario para perseguir a un Escorpio y hacerlos sentir especiales, lo cual es una gran decepción romántica para Escorpio.

Escorpio y Piscis: Escorpio y Piscis son una maravillosa combinación romántica. Tienen mucha visión de los corazones y las mentes de los demás, y comparten una perspectiva imaginativa y emocional de la vida. Escorpio es un apasionado de todo lo que hace, y les encanta incluir a Piscis en sus planes. Piscis está fascinado por la intensidad y el buceo de Escorpio, y comparten una fuente de creatividad que les permite encontrar soluciones a casi cualquier problema que puedan enfrentar.

Ambos signos también son muy intuitivos y prefieren ser introvertidos cuando se les da la oportunidad. Todos tienen que salir al mundo en un momento u otro, pero si estos dos se salieran con la suya, vivirían en su propia pequeña burbuja de amor, excluyendo al resto del mundo.

Escorpio es el más apegado de los dos y creará una base sólida para que construyan su relación. Piscis es el soñador que le proporcionará a Escorpio muchas ideas imaginativas sobre lo grandiosa que será su vida juntos, sin embargo, el ser centrado es una de las características principales del escorpión, y solo podrá creer en ese cuento de hadas si tiene evidencia sólida y tangible de que esa meta es alcanzable. Esto no es un problema para Piscis, que es un signo muy confiable y leal.

Escorpio está cogobernado por el poderoso Marte y el emocional Plutón, lo que los convierte en un individuo intenso y poderoso. Marte es el dios de la guerra y debido a eso, los Escorpio tienden a tener un lado agresivo y atrevido que a veces asusta o intimida a sus compañeros de Piscis. Afortunadamente, este lado de Escorpio rara vez sale a menos que sea provocado, y Piscis es lo suficientemente precavido como para evitar sacar a relucir esta parte negativa de Escorpio.

Piscis está cogobernado por el expansivo Júpiter y el suave y soñador planeta de Neptuno, que influye en Piscis para ser uno de los signos más idealistas y evasivos de la confrontación del zodíaco. Su energía soñadora y etérea suaviza los intensos bordes de Escorpio y les ayuda a ver el lado positivo. Cuando el poder de estos planetas se une, crean una relación apasionada, comprensiva, empática y poderosa.

Escorpio y Piscis son signos de agua emocionales, lo que les permite conectarse a un nivel profundo e intuitivo. Hay mucho más detrás dos personas que lo que se ve en el exterior. Sus sentimientos son profundos, tanto el uno por el otro como en la vida en general. Cuando dos signos de agua se unen, no hay amor más fuerte. Se defenderán mutuamente y su relación durará por la eternidad si es necesario. Es en gran medida un tipo de unión de "nosotros contra el mundo". Escorpio ayuda a Piscis a ver el panorama general, mientras que Piscis abre el mundo de Escorpio a las suposiciones de la vida y cómo hacer las preguntas correctas para estar preparado para el futuro.

. . .

Escorpio es un signo fijo al que le gusta centrarse en una cosa a la vez. Este signo pone toda su energía en lo que sea con lo que estén obsesionados en este momento.

Los Escorpio no aceptan el cambio tanto como otros signos, por lo que pueden permanecer estancados si se obsesionan con cualquier cosa durante demasiado tiempo. Piscis es un signo mutable y tiene una flexibilidad que los Escorpio no tienen de forma innata. Son más libres para adaptarse al cambio y vivir la vida un poco más fluidamente que sus compañeros Escorpio, lo que puede ayudarlos a relajarse y disfrutar de momentos espontáneos más de lo habitual. Juntos, encajan muy bien en la vida del otro, y están dispuestos a hacer compromisos y sacrificios para que esta relación funcione.

7

Escorpio en Luna

Tu SIGNO LUNAR REPRESENTA tus energías instintivas o emocionales, cómo reaccionas de manera innata, y las cosas que necesitas para sentirte cómodo o seguro. Puede revelar tu composición emocional, genética, e intuitiva.

Mientras que tu signo solar representa cualidades que estás aprendiendo a desarrollar y cumplir, tu luna en Escorpio representa la persona que ya eres.

Al haber nacido en la Luna en Escorpio, es probable que seas sensible y leal, pero con intensas necesidades emocionales. Escorpio es un signo de agua que se relaciona con las dimensiones emotivas, psicológicas y espirituales de la vida. Es probable que des la impresión de ser perceptivo, poderoso y transformador.

Escorpio también es un signo fijo, sugiriendo que

cuando alineas tus emociones con algo que deseas – sea un amigo, amante, o un resultado anticipado – eres constante, perseverante, y no estás dispuesto a abandonar lo que deseas.

Para ti, esa sensación de bienestar emocional proviene de conexiones cercanas y verdaderas con aquellas personas te permiten explorar las profundidades de la vida.

Dependiendo de otras influencias en tu carta astral, también puede que seas un individuo apasionado con la capacidad de hacer conexiones a un nivel emocional. Buscas intimidad en tus relaciones y pides lealtad a cambio de las maravillas que puedes aportar a las vidas de tus seres queridos.

La delicadeza y profundidad de tu naturaleza significan que puede que reacciones de manera intensa a los estímulos emocionales. Escorpio no es un lugar fácil para la luna. Tradicionalmente se considera que la luna está en su "caída" cuando se encuentra en Escorpio, sugiriendo ciertos obstáculos alrededor de las cualidades lunares (emociones) y de cómo se expresan.

Puede que te encuentres balanceándote entre los extremos, como si estuvieras en una montaña rusa de altas emociones y pensamientos. Sientes cada dimensión de la vida de manera extrema. Te va mejor si recuerdas no colapsar por completo y dejarte llevar o abrumar por tus propias emociones, o si crees que solo porque una emoción es intensa, no significa que tengas que actuar al respecto. Parte de tu naturaleza requiere que aprendas a permitir que las fuertes emociones fluyan a través de ti sin sentirte agobiado.

A medida que vas desarrollando una mayor conciencia de ti mismo, aprenderás a entender la profundidad de tus propias emociones tomando tiempo para la introspección. Puedes obtener gran conocimiento sobre ti mismo y de los demás al desarrollar la habilidad introspectiva que te permita ahondar en tu propio proceso emocional y entender su complejidad. Mientras vas entendiendo la profundidad de tu propia naturaleza, también aprendes a reconocer las verdaderas motivaciones de los demás.

Escorpio también es un signo de privacidad. Puede que prefieras "jugar tus cartas cerca de tu pecho". Es decir, en lugar de dejar que los demás sepan por lo que estás pasando, aprendes a mantener esos sentimientos guardados en ti mismo.

. . .

Incluso aquellos más cercanos a ti no tienen idea de las tormentas emocionales rodeándote, ni del alivio que sientes cuando brilla a través de la luz del entendimiento.

Para poder aprovechar del potencial de la percepción emocional, debes de aprender a dedicar tiempo a "viajar a tu ser interior" e interactuar con tu propio ser.

Sientes intensamente, para bien o para mal. Puede que en ocasiones te haga ver vulnerable, pero la verdad es que posees gran fuerza. Tu naturaleza emocional combina sensibilidad con la conciencia instintiva de que el crecimiento real solo ocurre a través de episodios de dolor y transformación. Es probable que prefieras ver las cosas como lo que son, tanto en ti mismo como en otras personas. Es probable que tengas la capacidad altamente desarrollada para sentir las corrientes emocionales a tu alrededor, y que prefieras lidiar con la cruda verdad.

Tienes el don de identificar lo que tú y los demás quieren o necesitan en ciertas situaciones, lo cual puede ser revelador en una forma no tan positiva, pero siempre saca la verdad a la luz. Al confrontar las cosas por lo que realmente son, traes esta iluminación a tu propia vida y a las de los demás.

. . .

Al entrar y resolver crisis emocionales, también generas una mayor libertad espiritual para ti y para otras personas.

Puede que tiendas a intentar proteger tu vulnerabilidad, escondiendo la verdadera profundidad de lo que verdaderamente sientes. La tendencia de querer reprimir u ocultar tus emociones puede ir en ambas direcciones. Por un lado, puede que intentes apartarte de las emociones incómodas y evitar circunstancias que te hagan sentir de esta manera. Puede que te protejas de encuentros cercanos con los demás y que encuentres liberación emocional a través de fuentes ficticias, o, en el peor de los casos, que intentes controlar y dominar a aquellos a tu alrededor recurriendo a las armas del mal humor y deshaciéndote de una relación antes de que "puedan lastimarte primero"

Para evitar que los demás sepan sobre tu verdadera sensibilidad y vulnerabilidad, se puede usar la defensa como forma de ofensa. De todos modos, te pierdes el beneficio de la verdadera intimidad al no compartir tus sentimientos con los demás. Necesitas desarrollar confianza en ellos dejándolos entrar en tu vida. Esto significa que debes fijarte en tu intuición para así escoger los mejores confidentes y compartir la verdadera profundidad de tu corazón inmensamente amoroso.

Para ti, el intercambio de energía emocional hace que

la vida valga la pena. Es posible que la necesidad de estar cerca y conectado con otros sea un tema constante en tu vida. Al compartir tus recursos emocionales sustanciales, descubres la verdad sobre ti mismo. A la vez, te expones a niveles más profundos de poder y vulnerabilidad. Este proceso de exposición es lo que necesitas y a la larga te lleva a una transformación interna que solo puede suceder por medio de confianza e intimidad mutua. El objetivo de aquellos nacidos en la Luna de Escorpio es desarrollar niveles aún más profundos de cercanía en la vida. Por medio de relaciones entiendes el mundo a tu alrededor y tu posición en él. Al conectarte y compartir con los demás, encuentras la paz interior.

Esta posición lunar es excelente para cualquier cosa que requiera comprender los motivos e impulsos de otras personas. Como un psicólogo natural, eres experto en sentir lo que los demás realmente necesitan. Te puede ir bien en cualquier área que implique "leer" a otros. La claridad con lo que lo hagas tendrá mucho que ver con lo que estés dispuesto a enfrentar en ti mismo. Al explorar los oscuros rincones de tu propia alma, aprenderás a sentir lo que otros guardan en las de ellos. Esta posición lunar requiere gran honestidad; una posición de todo o nada para vivir desde una posición de poder y verdad.

El don más grande que posees es la habilidad de traer luz a tu vida y la vida de los demás al ver las cosas como son verdaderamente. Ayudas a otros a transformar lo que necesita ser redimido al aceptarse a sí mismos como son.

Si fallas y no te rodeas de honestidad, podrías mostrar el potencial más negativo o venenoso de la Luna en Escorpio. Agobiado por su propia vulnerabilidad, podría intentar destruir a otros. Puede que trates de derribar a los demás, en lugar de enfrentar la oscuridad dentro de ti mismo. Puede que te encuentres exponiendo defectos y manipulando debilidades como forma de infligir dolor. Si esto sucede, primero tienes que transformar el dolor que sientes en tu vida antes de involucrarte con otros y tener una influencia en lo que hacen con sus vidas.

Al más alto nivel, la Luna en Escorpio te da la capacidad de transformar tu vida y la de los demás. Puedes actuar como un agente para el cambio, convirtiéndote en un catalizador para un mayor conocimiento y conciencia. Puedes ayudar a otros a cambiar sus valores psicológicos. El poder potencial contenido es enorme y tienes la oportunidad de ser una fuerza para el bien.

Al valorar tu propia privacidad y la de los demás, se puede confiar en ti para mantener los secretos.

Tú puedes ser a quien los demás recurran con sus pesares más profundos y dolor más oculto. Al dejarles compartir sus historias, los puedes ayudar a sanar su dolor. Cuando les hablas con la verdad sobre lo que crees que está sucediendo en sus vidas, puedes ayudarlos a encontrar un camino más sencillo hacia la transformación y sanación. Con tu conciencia de las profundidades de la naturaleza humana y la empatía por los demás, puedes dar testimonio, ofrecer consejos y ayudar a otros a renovarse.

Finalmente, la Luna en esta posición también trae constantemente dones intuitivos y psíquicos altamente desarrollados. Es posible que te sientas atraído a explorar los misterios de la vida, queriendo saber más sobre la magia, alquimia o cualquier cosa oculta. O simplemente puedes tener instintos muy fuertes que te ayuden a obtener información sobre asuntos ocultos para los demás de manera muy sutiles. A medida que este signo se relaciona con la transformación de la energía, te sentirás atraído por cualquier cosa que implique cambiar de forma. Es posible que tengas facultades intuitivas que se puedan desarrollar bajo guía para ayudar tu vida profesional, o puede que te sientas atraído por áreas de la vida que te exponen a crisis y te permiten usar el instinto para tomar decisiones importantes en el aquí y ahora.

8

Escorpio Ascendente

Como un Escorpio ascendente, eres atractivo, tranquilo y misterioso. Eres encantador, pero este encanto no siempre se traduce de una manera sexual. Siempre hay muchos trucos ocurriendo debajo de la superficie, y las personas a tu alrededor están ansiosas por descubrirlos. Eres intenso por buenas razones. Hay cosas por las que has pasado que hacen que pongas muros, especialmente si hay otros factores de Escorpio que te influyen en la carta astral, por lo que te lleva un tiempo abrirte lo suficiente para que otros te conozcan.

Tienes instintos animales muy astutos y agudos. Eres apasionado y tienes fuerzas dentro de ti que puedes canalizar hacia la regeneración y la curación, según lo necesiten tú u otras personas, e incluso la sociedad. Tu voluntad es fuerte, poderosa, pero tranquila y discreta. Sin duda, eres una fuerza con la que no se debería de jugar. Conoces el dolor de las personas intuitivamente, y eres excelente para curar, o herir, si alguna vez te traicionan. Confía en tus instintos y alcanzarás las mayores alturas. Sus planetas gobernantes son Plutón y Marte.

Escorpio ascendente y Marte en Aries: Marte está en el signo de Aries, que es valiente, motivado e independiente. Lideras y abres caminos para que otros los sigan.

Eres audaz y original. Eres un guerrero, feroz en la competencia, que posee instintos asesinos que debes templar con amabilidad incluso cuando tienes malas intenciones. Tu lado oscuro es egoísta, despiadado y disfruta usa una fuerza extrema para lograr sus cometidos.

Escorpio ascendente y Marte en Tauro: Marte está en Tauro, que es productivo, sensual, y fértil. Disfrutas de la sensualidad, de satisfacer tus deseos y apetitos. Te encanta jactarte de la vida como una gran fiesta, pero la mejor manera de experimentar la felicidad es que no te entregues a tus antojos o excesos. Eres constante en tu voluntad, muy decidido y posees la resistencia que necesitas para hacer realidad tus sueños. Tienes mucho éxito.

. . .

Ser obstinado y no estar dispuesto a cambiar o dejar ir puede ser problemático para ti, así que ten cuidado con eso.

Escorpio saliendo y Marte en Géminis: Marte está en Géminis, que es diestro, inteligente, y hábil. Eres genial con tus manos y posees los reflejos más agudos. Eres bueno con el lenguaje, y juega un papel importante en tu destino. Tú yo sombra es intrigante, astuto, astuto y egoísta. Estás dotado de palabras útiles y concisas, y puedes usarlas para sanar.

Escorpio en ascenso y Marte en Cáncer: Marte está en Cáncer, que es emocional y está lleno de energía en el alma. Tu sensibilidad es profunda. Eres muy protector con los animales, los niños y la vida en general.

Eres naturalmente empático y puedes conectarte con tu entorno a nivel emocional. Eres apasionado y eres muy sensual. No te resultará fácil comunicarte, comprender, o articular tus sentimientos, ya que la forma racional y lógica no es necesariamente tu fuerte. En ocasiones te es más fácil expresarte a través de la música u otras formas artísticas.

. . .

Escorpio ascendente y Marte en Leo: Marte está en el confiado, orgulloso y siempre radiante Leo.

Tienes mucha fuerza de voluntad, y harías un gran líder, capaz de influir en la gente por miles debido a tu magnetismo. Tienes una fuerza sólida, intensa y vital, que junto con tu enfoque constante, te ayuda a llevar a cabo tus ideales nobles. Debes hacer uso de tu poder personal de la manera correcta. Tu yo sombra puede ser tiránico.

Escorpio saliendo y Marte en Virgo: Marte en Virgo significa habilidades especiales, servicio, conocimientos técnicos, y conocimiento en general. Estás interesado en las ciencias de la salud, la medicina, la química y la biología. Eres muy astuto en tus observaciones, y analizas bien las cosas. Tu trabajo es siempre eficiente y minucioso, principalmente debido a tu obsesión. Cuando no estás equilibrado, te preocupas demasiado y críticas a ti mismo y al mundo. Por lo general, eres la fuerza detrás de una persona poderosa o actúas como un asesor astuto.

Escorpio ascendente y Marte en Libra: Tienes el deseo de cooperar con los demás. Te encanta trabajar en equipo, y siempre encuentras una manera de equilibrar las necesidades de todos, incluida la tuya. Tus acciones se deben a tu necesidad de conexión, belleza y armonía. Debes tener cuidado de suprimir tus deseos y no actuar por tu propio bien, ya que esto puede conducir a conflictos y enojo reprimido que terminará por salir en las maneras menos saludables. Mantente honesto en todo lo que haces, y en lo que sea que hagas en un futuro, y no trates de hacer que tus metas sucedan en secreto o usando a otros.

Escorpio ascendente y Marte en Escorpio: Eres uno con las fuerzas primarias de la naturaleza. Necesitas permanecer conectado a ella en un ambiente incivilizado, crudo y salvaje. Surges las energías de la muerte y el nacimiento, la destructividad y la creatividad, y entiendes por qué ambos extremos del espectro son esenciales. Tu presencia física es palpable, y estás lleno de pasión y vitalidad, que podrías usar para bien o para mal. Aprende a manejar tu poder y sé consciente de lo que significa tenerlo y usarlo. Puede ser tu fuerza, y puede curarte a ti y a los demás. Para ti, lo que más importa es lo intensa que es la experiencia, y no su permanencia.

Escorpio ascendente y Marte en Sagitario: Eres aventurero, expansivo, y animado. Todo se trata del futuro. Te atrae el riesgo y te encantan los desafíos.

Cuanto más peligrosa sea la persecución, mejor. Eres muy filosófico e idealista, usando tus convicciones y tu necesidad de justicia para controlar tus instintos.

. . .

Todo se trata de pasión y celo. Cuando no estás equilibrado, te vuelves santurrón, celoso, e imprudente.

Cuando estás en tu mejor momento, te encanta explorar e inspiras a otros a hacerlo también. Para ti, hay mucha alegría en la aventura y en explorar la vida.

Escorpio ascendente y Marte en Capricornio: Eres ambicioso, práctico, y terrenal. Te encantan las metas que son logros tangibles y materiales. Entiendes la forma en que funciona el mundo, y siempre calculas antes de ponerte en marcha para sintetizar tu objetivo. Tienes una gran ética de trabajo, autodisciplina, y sentido del sacrificio personal. Corres el riesgo de convertirte en un adicto al trabajo. Para ti, tu ambición cuando se trata de tu carrera es más importante que cualquier otra cosa.

También puedes estar en un puesto de autoridad si lo deseas.

Escorpio ascendente y Marte en Acuario: Te encanta lo colectivo. Eres poco convencional y un libre pensador. Estás interesado en regenerar la sociedad tal como la conocemos. Ustedes conocen los problemas que aquejan a la humanidad y saben cómo crear soluciones que sean más innovadoras, ya sea por su cuenta o con otros. Estás en tu mejor momento interpretando a un líder de grupo, un disidente o un reformador.

Escorpio ascendente y Marte en Piscis: Visionario, soñador e imaginativo te describen. Estás abierto espiritualmente, lo que significa que puedes conectarte fácilmente con otros reinos o entrar en estados alterados de conciencia. Usas el arte o la visualización para curarte a ti mismo y a los demás. No eres bueno con el alcohol, ya que te hace sentir impotente y confundido. Tienes habilidades psíquicas impresionantes, que pueden llegar a ser aún más pronunciadas si quieres que lo sean.

Escorpio ascendente y Plutón en Aries: Tienes una pasión por ser un héroe y una persona por tu cuenta. Eres libre. Eres un temerario. Eres audaz y tienes una confianza que borda en lo arrogante, y que podría ser tu perdición si no tienes cuidado.

Escorpio ascendente y Plutón en Tauro: Eres terco, obstinado, inflexible. Estás obsesionado con la economía, la riqueza y el dinero. Esto podría dictar tu destino.

. . .

Escorpio ascendente y Plutón en Géminis: Necesitas entender a todos y a todo. Valoras la educación y el intelecto. Estás impulsado a usar tu cabeza.

Escorpio ascendente y Plutón en Cáncer: Necesitas dejar ir todos los viejos condicionamientos y las rutinas familiares en las que te encuentras. Necesitas dejar ir todas las cargas que el viejo mundo ha puesto sobre tus hombros para que puedas regenerarte y usar tus poderes para el bien.

Escorpio ascendente y Plutón en Leo: Tienes que dejar ir tu deseo de aplacar a aquellos que son carismáticos. Necesitas dejar de amar tanto el poder. Te ahogas en un sentido de gloria propia, usas mucha voluntad para tus fines, y te prestas atención solo a ti y a tus deseos. Necesitas lidiar con esto si quieres alcanzar tus mayores ideales y rodearte de gente que te ayude a hacerlo.

Escorpio ascendente y Plutón en Virgo: Deseas la perfección.

Sientes que debes purificarte, y esta necesidad puede volverse un poco obsesiva. Sientes culpa por muchas cosas, ya sea que los errores sean reales o estén en tu cabeza. Eres excelente en alcanzar la perfección, la experiencia técnica y el análisis de todo a profundidad. Tu trabajo es siempre preciso.

Escorpio ascendente y Plutón en Libra: Anhelas igualdad, justicia y equidad. Quieres equilibrar. Ves corrupción e injusticia, y deseas sacar esto a la luz para que pueda terminar. También te preocupa cómo se desarrolla el equilibrio de poder en tus relaciones personales.

Escorpio ascendente y Plutón en Escorpio: Puedes ir a las profundidades más oscuras solo para darle al mundo algo de luz, conciencia y curación. Cuando usas tus poderes para obtener ganancias egoístas, sientes que estás solo y te conviertes en tu peor adversario. Podrías ser el mejor de los sanadores, tal vez incluso un chamán, si tu corazón está en el lugar correcto.

Escorpio ascendente y Plutón en Sagitario: Necesitas revisar, limpiar y llevar tus creencias sobre cómo funciona la vida aún más lejos.

Necesitas deshacerte de tu dogmatismo inherente y exceso de celo, y tus convicciones sesgadas, para que puedas alcanzar la más alta de las alturas.

Escorpio ascendente y Plutón en Capricornio: Puedes romper y reconstruir la sociedad a como se te antoje, desde las empresas hasta el gobierno. Necesitas deshacerte de la hipocresía, la corrupción, y la codicia, y no hay nadie más adecuado para este trabajo que tú.

Tienes una voluntad muy fuerte, y necesitas aplastar eso con amabilidad y humildad.

Los otros elementos en tu carta astral pueden revelar diferentes influencias que te distinguirán entre el resto de los Escorpio y te ayudarán a entender mejor ciertas conductas, afectaciones, y problemas con los que te pudieras estar enfrentando. El signo solar juega un rol muy importante, pero no se puede tomar como único punto de referencia, si las estrellas son complejas, ¿por qué nosotros no lo seríamos también? Al fin y al cabo, somos parte de un mismo sistema de energía, y estamos tan conectados que nos influenciamos mutuamente.

Conclusión

Si has llegado hasta este punto del libro, seguramente has recorrido un largo camino dentro de tu propio ser. El conocer más sobre nuestro signo y la relación que este tiene con los planetas de nuestro sistema solar puede ser un ejercicio de introspección extenso, agotador, y relevador, pero puedo asegurarte algo: esta información solo será para mejor.

Uno de los pasos más difíciles para los seres humanos es pararse frente a un espejo para apreciar sus propias virtudes y señalar sus defectos, y eso es precisamente lo que has hecho con las palabras escritas sobre este tomo.

Ahora te conoces un poco mejor, sabes de las cosas que pueden hacerte perder el sentido de la vida, como ser abrumado por tus celos, tu necesidad de controlar constante, y tu terquedad que va de la mano con un miedo adornado de inseguridad hacia los misterios de la incertidumbre.

También eres consciente de que no todo es negativo bajo este signo de agua. Cierto, tu naturaleza es fija y un tanto inamovible, pero esto también te hace un compañero confiable, de quien se puede depender, y ferozmente leal.

Estas características, por supuesto, no pasan desapercibidas. Tu encanto natural te rodea de personas, aunque esto no sea precisamente lo que deseas, y te permite tener acceso a todos los recursos necesarios para lograr tu cometido.

Tus metas se mantienen inmóviles y siempre a la vista.

Como buen escorpio, jamás permitirás que la palabra "rendirse" se diga bajo tu techo. Tu constancia y osadía, que a veces se confunde con gran terquedad, te asegurarán más de un éxito en un futuro, y con la pareja correcta a tu lado no tendrás de qué preocuparte en el ámbito hogareño. Eres cálido por naturaleza, incluso si tu apariencia denota lo contrario, y tu pareja e hijos lo podrán notar con el tiempo.

Recuerda que no debes de temer a ser vulnerable, nos pasa a los mejores, eres tan humano como cualquier otro signo del zodíaco.

Aférrate a quienes consideras parte de tu familia, pero no tengas miedo de aventurarte de vez en cuando con desconocidos, aquellos a quienes mantienes más cerca alguna vez estuvieron en el punto más alejado de ti, ¿verdaderamente será imposible que puedas formar nuevos y profundos vínculos? Utiliza la información que te he brindado en este libro para sacar lo mejor de ti y formar la versión de tu persona que siempre habías querido. Como bien has de saber, Roma no se hizo en un día, toma tu tiempo y diviértete al hacerlo, el crecimiento personal no tiene por qué ser tedioso, y te aseguro que no lo será, después de todo perteneces a la casa del siempre confiable escorpión, el magnífico Escorpio.

Bibliografía

ALIZA KELLY FARAGHER. (2021). Birth Charts 101: An Astrology Beginner's Guide to Understanding the Planets. 12 de Septiembre de 2021, de Allure Sitio web: https://www.allure.com/story/astrology-birth-chart-reading

Unknown. (Unknown). Scorpio Sign Dates & Traits. 16 de septiembre de 2021, de Horoscope.com Sitio web: https://www.horoscope.com/zodiac-signs/scorpio/love

Kristine Fellizar. (2021). Here's how long it takes Scorpio to fall in love. 16 de septiembre de 2021, de Bustle.com Sitio web: https://www.bustle.com/life/how-long-scorpio-zodiac-signs-fall-love-astrologers

. . .

Carrie Cabral. (2020). The 10 Scorpio personality traits to know. 14 de septiembre de 2021, de blog.prepscholar.com Sitio web: https://blog.prepscholar.com/scorpio-personality-traits

Benadette King. (unknown). Scorpio Child: Traits, Personality, & Characteristics. 16 de septiembre de 2021, de buildingbeautifulsould.com Sitio web: https://www.buildingbeautifulsouls.com/zodiac-signs/zodiac-signs-kids/scorpio-child-traits-characteristics-personality/

Kaila Kea. (2018). What Are the Best Career Paths for a Scorpio?. 12 de septiembre de 2021, de ziprecruiter.com Sitio web: https://www.ziprecruiter.com/blog/best-career-paths-scorpio/

Joy Carter. (2020). Scorpio Family Life: Their Personality in the Main Household Roles. 13 de septiembre de 2021, de horoscopejoy.com Sitio web: https://www.horoscopejoy.com/scorpio-family-life-their-personality-in-the-main-household-roles/

Damian Rocks. (2021). Moon in Scorpio. 10 se Septiembre de 2021, de starslikeyou.com.au Sitio web: https://www.starslikeyou.com.au/your-astrology-profile/moon-in-scorpio/

. . .

Alise Morales. (2020). 20 Famous Scorpios That All Scorpions Can Relate to. 6 de septiembre de 2021, de purewow.com Sitio web: https://www.purewow.com/entertainment/famous-scorpios

www.ingramcontent.com/pod-product-compliance
Lightning Source LLC
Chambersburg PA
CBHW072017070526
44583CB00015B/1519